패턴 파괴

Optimal
Outcomes

최적한 성과와 관계를 만드는
컬럼비아 대학교
갈등고리 해결 프로젝트

패턴 파괴

제니퍼 골드먼 웨츨러 지음 | 김현정 옮김

흐름출판

일러두기

원서에서 이탤릭체로 강조한 부분은 한국어판에서 고딕체로 표기했습니다.

사랑하는 나의 가족에게

차례

1부 갈등고리 이해하기

2부 갈등 패턴 파괴하기

3부   갈등고리에서 벗어나기

Understanding the Conflict Loop

갈등고리
이해하기

우리가 갈등을 제대로 볼 때 일어나는 변화들

수년간 기업 중역과 대학원생 들을 대상으로 반복되는 갈등에서 벗어나는 방법을 가르쳐온 나는 성인이 된 뒤로 줄곧 나를 괴롭혀온 한 가지 문제에 맞서기로 마음먹었다.

나는 엄마를 정말 사랑한다. 엄마는 나의 버팀목이자 가장 든든한 지원군이며, 조언이 필요할 때 내가 맨 먼저 찾아가는 사람이다. 하지만 모녀간에서 오랫동안 부글부글 끓어온 불만이 몇 년 전 폭발하고 말았다. 이제 와 인정하려니 좀 멋쩍지만 나는 우리 사이에서 갈등을 유발하는 주범이었던 휴대전화로 엄마에게 '그런 식으로 할 거면 다 관두자'라는 식의 전형적인 최후통

첩을 날렸다. 업무용 서재에서 소리를 질러댄 뒤 전화기를 내동 댕이치고 눈물을 터뜨렸다. 32킬로미터 떨어진 브롱크스의 아 파트에서 엄마는 분노로 몸서리쳤다.

잔뜩 화난 상태에서 엄마에게 관계의 단절을 통보했고, 일주 일 동안 다른 어떤 일에도 집중하지 못한 채 전전긍긍하다 결국 그 말을 철회했다.

나는 왜 그토록 화가 났을까? 엄마의 전화 때문이었다. 괜찮 다면 그때 어떤 일이 있었는지 잠깐 이야기해보겠다.

맞벌이 가정 부모가 대개 그렇듯 나의 하루하루는 수많은 부 품으로 정교하게 구성되어 복잡하게 움직이는 루브 골드버그 Rube Goldberg 장치와 다르지 않다. 잠깐 딴생각하느라 순서를 한 가지 빼먹으면 공은 바닥에 떨어지고 게임이 끝난다. 적어도 그 렇게 느껴진다.

엄마는 내가 정신없이 하루를 보내는 와중에, 그러니까 오전 6시에서 오후 9시 사이에 전화를 걸어왔다. 그러면 나는 부루퉁 하게 "엄마, 미안한데 지금은 이야기할 시간이 별로 없어요"라 고 답했다.

그런 대답을 좋아하지 않는 엄마는 이렇게 되묻곤 했다. "하 지만 넌 나한테 절대 전화 안 하잖아! 어떻게 엄마랑 통화할 시 간도 없니?" 엄마는 먼저 전화하지 않는 딸을 그저 비난할 작정 으로 내게 연락할 때가 많았다.

이런 일이 자꾸 되풀이되었다. 어느 순간 엄마가 전화를 걸어오면 거의 받지도 않았다. 나와 연락이 잘되지 않자 엄마는 온갖 일을 트집 잡으며 더욱 비난을 쏟아냈다. 엄마가 이런 태도를 보이니 나 역시 전보다 전투적으로 굴게 되었다.

늘 그렇듯 싸움은 또 다른 싸움으로 이어졌고, 우리 모녀는 갈등에서 벗어나기가 점차 힘들어졌다. 버럭 화낼 때마다 우리 관계는 조금씩 나빠졌다. 거의 어쩔 수 없는 지경이 되었다.

엄마와의 갈등고리conflict loop에서 벗어나기로 마음먹은 날, 나는 혼자 조용히 다짐하는 데서 그치지 않았다. 내가 컬럼비아 대학교에서 진행하는 최적의 결과Optimal Outcomes 수업을 듣는 대학원생 스무 명과 조교 네 명이 참석한 세미나실 앞에 서서 엄마와의 갈등고리를 끊어보겠다고 약속했다. 실제로 겪고 있는 사례를 활용하면 사흘간 진행될 워크숍에서 소개할 훈련 기법들이 가까운 사람과의 갈등, 격변하는 갈등 등 종류에 관계없이 모든 갈등을 해결하는 데 매우 효과적이라는 사실을 학생들에게 증명해 보일 수 있을지도 모른다는 생각이 들었다. 학생들에게 자신을 있는 그대로 드러내야 좋은 일이 생긴다는 사실도 알려주고 싶었다.

하지만 마음은 여전히 편하지 않았다. 그때까지만 해도 낯선 타인에 불과했던 대학원생으로 가득한 세미나에서 나 자신을 드러내는 일이 왠지 불편했다. 학생들이 나와 엄마의 문제에 강의 시간을 할애하는 일을 이상하게 여기지 않을지, 너무 개인적인 내용을 언급한 탓에 소외된 듯한 기분을 느끼지는 않을지 염려되었다.

다행히 머지않아 모두 기우였다고 깨달았다. 이 책에서도 상세히 소개하겠지만 엄마와의 갈등 상황을 자세히 묘사할수록 학생들은 강의에 더욱 몰입하며 고개를 끄덕이고 눈을 반짝였다.

학생들은 내 상황을 쉽게 이해했다. 그들에게도 부모나 부모 역할을 하는 다른 존재가 있었을 뿐 아니라 좌절감이 들 정도로 강렬한 갈등 상황 때문에 힘들어한 경험이 있었다.

나와 독자 여러분을 비롯한 이 세상 모든 사람은 항상 갈등을 겪는다. 가족을 얼마나 사랑하는지, 동료를 얼마나 존중하는지, 이웃을 얼마나 아끼는지 하는 점들은 전혀 중요하지 않다. 어디에서나 갈등이 생기기 마련이다.

또한 누구나 갈등을 잘 관리하기 위해 최선을 다한다. 그런 노력이 효과를 발휘할 때도 있다. 하지만 온 힘을 다해도 같은 문제가 끝없이 되풀이되기도 한다.

이런 상황에 놓이면 내가 그랬듯 대부분 사람이 어떻게 해야 할지 종잡을 수 없는 답답한 기분에 사로잡힐 것이다. 이미 모든 방법을 시도해봤으니 더 이상 어쩔 도리가 없다.

이제 어떻게 해야 할지 전혀 가늠할 수 없다.

학생들에게 내 이야기를 들려준 날, 내가 바로 이런 상황에 놓여 있었다. 갈등에 빠져 엄마를 비롯해 사랑하는 이들과 긍정적으로 보내고 싶었던 시간과 에너지를 쓸데없이 낭비하고 있었다. 어디를 가든 엄마와의 갈등에 대한 고민이 머리를 떠나지 않았다. 이 닦을 때도, 출퇴근할 때도, 아이들을 재울 때도, 상담하러 온 사람들의 이야기를 들을 때도 엄마와의 갈등이 머릿속을 맴돌았다. 심지어 그에 대한 꿈을 꾸기도 했다.

현실을 직시해보자. 갈등에 매몰되어 있으면 현재 하고 있는 일에 집중하기 힘들 뿐 아니라 원하는 방식으로 주변 사람들과 주위 세상에 이바지하기 어렵다.

지금까지의 이야기 중 익숙하게 들리는 내용이 있는가? 그렇다면 당신은 혼자가 아니다. 갈등에 빠지는 일은 매우 흔하다. 재계, 학계, 정부에서 활약하는 가장 노련한 리더들조차도 갈등의 수렁에서 허우적대곤 한다. 갈등 관리를 위해 나를 찾아온 이런 분들의 사연을 이 책에 수록했다.

고객과 학생 들의 신상을 보호하기 위해 이름이나 업계 같은 개인 정보는 수정했으나 다양한 분야에서 활동하는 리더들이 회사 안팎에서 맞닥뜨린 가장 골치 아픈 문제를 잘 풀어나갈 수 있도록 도운 나의 경험만은 고스란히 담았다.

내가 걸어온 길

얼라인먼트전략그룹Alignment Strategies Group을 설립해 조직심리 전문가로 활동해온 지난 13년간 나는 세계 유수의 조직, 대학, 공공기관을 이끄는 중역들이 맞닥뜨린 까다로운 상황을 바로잡 기 위해 '최적의 결과 기법'을 활용해왔다. 더불어 컬럼비아 대 학교 모튼 도이치 협력 및 갈등 해결 국제센터 교수로서 경영대 학원, 국제관계대학원, 심리대학원, 교육대학원, 종교대학원, 법 학대학원 등 컬럼비아 대학교의 여러 대학원생과 중간급 경력 전문가들을 상대로 10년 넘게 이 기법을 가르쳐왔다. 사흘짜리 워크숍이 끝나면 첫날 심각한 갈등 상황과 씨름하며 강의실에 들어왔던 사람들이 전과는 다른 새로운 관점과 신선한 해방감 에 사로잡혀 새롭게 태어난 기분으로 문을 나선다.

더 많은 분이 그런 해방감을 맛보기를 바라며 이 책을 썼다.

최적의 결과 기법은 갈등 해결에 관한 책을 읽어본 사람이라 면 누구나 알고 있을 법한 내용을 소개하는 데서 그치지 않는다. 사회생활을 갓 시작했을 때 나는 세계에서 가장 명망 있는 분쟁 해결 및 협상 프로그램으로 알려진 하버드 대학교 법학대학원 협상 프로그램Program on Negotiation, PON 워크숍 진행자로 일했다. 그 덕에 오늘날까지도 갈등 해결 분야의 거장으로 남아 있는 두 분의 강의실과 회의실에 발을 들여놓을 수 있었다. 그중 한 분은

1981년 엄청난 파급력을 지닌 『YES를 이끌어내는 협상법』*Getting to Yes: Negotiating Agreement Without Giving In*[1]이라는 책을 공동 집필한 고故 로저 피셔*Roger Fisher* 교수이고, 나머지 한 분은 『YES를 이끌어내는 협상법』의 공저자이자 1999년 발행되어 갈등 해결 분야의 판도를 뒤집어놓은 『대화의 심리학』*Difficult Conversations: How to Discuss What Matters Most*[2]의 공저자인 브루스 패튼*Bruce Patton* 교수이다. 『대화의 심리학』이 출판될 무렵 나는 패튼 교수가 파트너로 있는 회사에서 일하기도 했다. 거기까지 가기 위해 정말 열심히 노력했고, 그 시간은 매우 신나고 역동적이었다. 피셔 교수와 그에게 영향받은 인물들이 경쟁으로 가득한 승자독식 협상 방식을 상호 협력을 통해 모두 승자가 되는 접근 방식, 정말 감사하게도 오늘날까지 이어지고 있는 바로 그 방식으로 바꿔놓았기 때문이다.

이 경험은 내가 성장하는 데 크고도 중요한 영향을 끼쳤다. 하지만 세월이 흐르면서 나는 쉽게 답하기 어려운 질문을 새로이 던지기 시작했다. 당시 내가 가르쳤던 기법으로는 그런 질문에 제대로 답하기가 어려웠다. 심리학을 전공했지만 온통 변호사에게 둘러싸여 있었던 나는 동료들이 갈등이 발생할 수도 있고 갈등을 해결할 수도 있지만 그 모든 것이 명확하고 한정되어 있다고 여긴다는 사실을 깨달았다. 모든 소송에는 끝이 있었기 때문이다. 하지만 내 인생을 회고하고 세계에서 가장 파괴적인 분쟁들을 돌아보자 이야기가 달라졌다. 쉽사리 해결될 것 같지 않은 갈등도 있었고, 해결이 코앞이라 느끼는 순간 가장 폭력적인 방식으로 불화가 다시 불거지는 경우도 많았다. 이스라엘과 팔레스타인의 오슬로 평화협정이 그 대표적인 사례이다. 그때 상황을 되돌아보면 '윈윈' 협상 기법을 사용하도록 훈련받은 국제 외교팀들이 수년 동안 공들여 협상을 진행하며 모두 희망에 부풀었지만 평화협정은 결국 결렬되었고 폭력의 악순환이 되풀이되고 말았다.

내가 지지해온 '윈윈' 기법에 기초한 협상 방식으로는 갈등의 해법을 찾아낼 수 없는 사람들에게 희망이 있기는 한지 궁금했다.

또 분노나 슬픔 같은 감정이 갈등에 어떤 영향을 미치는지도 알고 싶었다. 나는 가족들이 툭하면 소리를 지르고 문을 쾅 닫는 집안에서 자랐다. 그중에서도 할아버지가 특히 거칠었다. 1938년 나치 침략을 피해 빈에서 탈출한 할아버지는 고생 끝에 뉴욕에 당도해 새로운 삶을 꾸려나갔다. 사랑하는 사람들을 뒤로하고 고향을 떠난 할아버지가 얼마나 극심한 고통과 슬픔, 죄책감을 견뎌냈을지 나는 가늠하기조차 힘들다. 고향을 떠난 할아버지는 다시는 당신의 아버지를 만나지 못했다. 유럽에 남은 할아버지의 형제 한 분은 다른 유대인들을 밀고하지 않는다는 이유로 나치 손에 목숨을 잃었다. 할아버지의 다른 형제 두 분은 호주로 이주해 화를 면했으나 평생 나머지 가족과 멀리 떨어져 지내야만 했다. 할아버지가 그런 고통을 말로 표현한 적은 없었지만 애써 억눌러온 감정은 때때로 적나라하게 표출되었다. 나는 그 순간을 지켜보며 자랐다. 할아버지의 분노와 화가 폭발하는 날이면 나와 남동생은 브롱크스에 있는 할아버지의 아파트 한구석에서 몸을 잔뜩 웅크린 채 벌벌 떨 수밖에 없었다.

반면 외할머니 플로렌스는 갈등이 발생했을 때 침착하게 대처하는 대표적인 인물이었다. 외할머니는 그저 "쉿, 쉬"라고 소리를 내어 마음을 가라앉힐 수 있도록 부드럽게 이끌었다. 외할머니의 이 같은 소리는 누구라도 차분하게 만들어주었다. 할아버지의 불같은 분노에 대처하는 방법을 배우고 모두를 진정시키는 외할머니에게서 영향받은 덕에 나 역시 내 가족을 위해, 한 걸음 더 나아가 고객, 학생, 친구 들을 위해 차분하게 중심을 잡는 역할을 할 수 있게 된 듯하다. 이 책을 통해 내가 독자 여러분에게 그런 존재가 될 수 있기를 바라며 스스로 그렇게 되는 방법도 알려드리고 싶다.

2002년 9월 컬럼비아 대학교에서 사회조직심리학 박사과정을 시작한 것은 까다로워 보이는 갈등의 본질을 이해하고 싶다는 욕망 때문이었다. 나는 그곳에서 비슷한 질문에 대해 답을 찾고 싶어 하는 다른 사람들을 만났다. 9.11 테러 발생 1년 뒤에는 미국 국토안보부로부터 연구 지원금을 받아 이후 5년 동안 글로벌 테러 같은 갈등 상황에서 굴욕감이 공격성에 어떤 영향을 미치는지 연구했다.

그 여정 동안 심각하고 장기적인 갈등이 발생하는 감정적인 원인을 심층적으로 파고들었다. 중동 지역을 직접 방문해 대화 장려와 국가 간 관계 개선을 위해 노력하는 팔레스타인과 요르단, 이스라엘의 교수 및 학생 들과 협력했다. 그러던 중 내가 할아버지와 함께 지내면서 겪었던 상황들을 설명하는 연구 자료[3]를 찾아냈다. 다시 말해 분노나 굴욕감 같은 고통스러운 감정들이 어떻게 공격적인 행동으로 이어지고, 이런 행동들이 어떻게 또다시 공격적으로 이어져 파괴적인 갈등 주기를 만들어내는지 알려주는 자료였다.

요즘 나는 조직심리학자로 일하면서 다양한 분야의 리더들이 격앙되었을 때 내 할아버지처럼 감정을 공격적으로 폭발시키기보다 상황에 생산적으로 대처하도록 돕고 있다. 그와 동시에 상대가 화를 주체하지 못하고 공격해 올 때 적절하게 대응하는 방법도 가르치고 있다. 이런 갈등 상황에서 알맞게 행동해야만 그 경험으로 모두 한 뼘 더 성장할 수 있기 때문이다. 이 책에 소개한 여러 사례가 이해를 돕고 갈등을 해결하는 데 도움이 되기를 바라며, 또 그럴 것이라 믿는다.

갈등의 이점

갈등에서 벗어나지 못하는 일은 흔하다. 그 자체로 필연적인 갈등도 있다.

일반적으로 이야기하면 갈등은 우리의 일상생활을 구성하는 자연스럽고, 정상적이며, 건강한 한 부분이다. 저명한 결혼 연구가 존 가트맨John Gottman은 결혼생활에 갈등이 전혀 없거나 지나치게 많기보다는 적당하게 있는 것이 행복하고 건강한 관계를 나타내는 대표적인 특징이라고 설명한다.

또 갈등이 생산적일 때도 있고, 혁신적인 해결방안으로 이어질 때도 있다. 한 예로 구성원의 면면이 다양한 탓에 관점이 서로 달라 갈등이 발생할 수밖에 없는 팀이 모든 팀원의 관점과 의견, 사고방식이 비슷한 팀보다 더욱 창의적이고 혁신적[4]이며, 생산적[5]이라는 사실이 밝혀졌다.

우리 인생도 어느 정도 그렇지만 책이나 연극, 영화의 줄거리가 흥미진진해지려면 주인공이 갈등을 겪고 극복하는 방법을 익혀야 한다. 수메르와 바빌로니아 신화에 등장하는 영웅 길가메시Gilgamesh부터 모세, 마호메트, 부처에 이르기까지 세계적으로 잘 알려진 문학 작품에 등장하는 주인공들을 생각해보면 하나같이 안팎으로 엄청난 갈등에 부딪히고 고난을 이겨낸다. 저명한 신화학자 조지프 캠벨Joseph Campbell은 이런 이야기에 내재한 전형적인 본질에 주목했다. 캠벨은 주인공이 내적 갈등에 맞서거나 통제하기 어려운 대상과 갈등을 빚을 수밖에 없는 일련의 이야기를 '영웅의 여정'hero's journey이라 표현한다. 캠벨은 살다 보면 누구나 맞닥뜨릴 수밖에 없는 갈등과 마주하고 극복해나가는 과정 자체가 우리 삶을 좀더 흥미롭고 살아볼 만한 것으로 만든다고 설명한다.[6]

요컨대 갈등이 없으면 이 세상은 훨씬 덜 생산적이고 훨씬 덜 흥미로운 곳이 될 것이다. 갈등이 사라지면 세상은 훨씬 가치 없는 곳이 될지도 모른다.

어떤 갈등은 문제없이 원활하게 돌아가는 인생이나 팀, 조직, 사회의 한 부분을 차지하기도 한다. 또 그래야만 한다. 물론 심각하지 않은 적정 수준의 갈등을 말한다.

하지만 해결해보려고 수없이 노력해도 끊임없이 되풀이되는 갈등은 우리의 건강이나 성장에 도움이 되지 않는 편이다. 오히려 이런 갈등은 인생을 즐기거나 목표를 달성하는 데 걸림돌이 된다.

갈등은 갈등을 낳는다

갈등 해결의 아버지로 널리 알려진 모튼 도이치Morton Deutsch 박사는 1970년대에 갈등과 관련해 단순하고도 심오한 사실을 찾아냈다. 바로 갈등이 저절로 계속된다는 점이다.[7] 더 구체적으로 이야기하면 도이치 박사는 일련의 실험을 통해 갈등의 본질상 일단 시작되면 더 큰 갈등으로 이어질 가능성이 크다는 사실을 발견했다.

가령 다른 누군가와 갈등을 겪는다고 하자. 일단 갈등이 생기면 더 많은 갈등이 뒤따르는 방식으로 생각하고, 느끼고, 행동하게 되며 이런 태도는 또다시 더 많은 갈등을 초래하는 생각과 감정, 행동으로 이어져 악순환의 고리가 지속된다. 이 책 전반에서 갈등이 더 많은 갈등으로 이어지는 다양한 이유를 살펴볼 것이다. 우선 반복되는 것이 갈등이라는 야수의 본성이라는 사실을 기억해두고, 이런 현상에 갈등고리라는 이름을 붙여보자.

사람들은 흔히 갈등고리에 빠져들면 상대를 비난하거나, 그를 피하거나, 자신을 비난하거나, 상대가 협력을 거부하는데도 끈질기게 '윈윈' 방식을 추구하는 등 갈등 습관을 드러낸다. 우리의 갈등 습관은 다른 사람의 갈등 습관과 결합해 특정한 상호작용 패턴을 만들어내며, 이로 인해 갈등고리에서 벗어날 수 없게 된다.

5년간 대학원에서 까다로운 갈등을 초래하는 요인이 무엇인지 연구한 끝에 나는 사람들이 어떻게 갈등고리에 빠져드는지 알아냈다. 그러나 '갈등고리에서 빠져나오려면 어떻게 해야 하는가'

라는 질문에 대해서는 여전히 답하지 못했다.

이후 10년 넘는 시간 동안 각계각층의 리더들이 되풀이되는 갈등에서 벗어나도록 도우며 연구와 현장 경험을 기반으로 갈등 해결 비법을 마련했다. 여러분이 갈등에서 벗어나는 데도 이 책에 수록된 비법이 매우 유용할 것이라 믿는다.

최적의 결과 기법

최적의 결과 기법은 갈등고리를 강화하는 습관과 패턴에서 벗어나는 데 도움이 되는 여덟 단계 훈련법이다.

1장에서는 갈등을 외면하다가 마지막에 폭발하는 습관, 발끈해서 행동하고 나중에 후회하는 습관, 괜히 자신을 비난하는 습관, 상대가 원치 않는데도 끝까지 협력을 고집하는 습관 등 갈등을 더욱 악화시키는 무의식적인 습관을 찾아내고 중단하도록 훈련할 것이다.

2장부터 4장까지는 갈등이 얼마나 격렬하든 한 걸음 뒤로 물러나 상황을 관찰하고 실제로 갈등을 초래한 원인을 찾아내도록 훈련할 것이다. 이 훈련은 갈등 상황에 대한 새로운 통찰력을 얻는 데 도움이 되며, 새로운 통찰력이 생기면 전과는 다른 건설적인 행동으로 갈등 패턴을 파괴할 수 있다.

5장부터 8장까지는 최적의 결과로 이어지는 새로운 경로를 상상하고, 설계하고, 검증하고, 선택하도록 훈련할 것이다. 훈련을 통해 찾아낸 최적의 결과가 이전에 생각했던 이상적인 결과와 상당히 다를 때도 있다. 물론 갈등을 어떤 식으로 해결할지 확고한 생각을 가지고 훈련을 시작하는 분도 있겠지만 최적의 결과는 맨 처음 생각한 목표보다 한층 커다란 만족감을 안겨주고 더 오랫동안 조화롭게 살아갈 힘을 선사할 것이다.

이 책에 소개된 기법을 이용해 당신이 의도했든 그러지 않았든 오랫동안 강화해온 문제 습관에서 벗어나려면 꾸준히 훈련해 능숙해져야 한다. 훈련을 수없이 반복해야 할 때도 있다.

여덟 단계 훈련 기법을 심층적으로 살펴보기 전에 먼저 최적의 결과 기법을 구성하는 두 가지 핵심 요인을 이해해야 한다. 이 두 요인은 각 훈련 단계에서 서로 긴밀하게 연결되어 있다. 첫 번째 핵심 요인은 관찰observe 능력을 계발하는 것이고, 두 번째 핵심 요인은 패턴 파괴 행동pattern-breaking action을 하는 것이다.

멈춰서 관찰하라

요즘은 마음챙김mindfulness[8], 즉 지금 이 순간에 집중하는 훈련이 과거의 경험과 미래에 대한 기대에서 벗어나는 데 도움이 되는 소중한 도구로 널리 인정받고 있다. 그래야만 지금 여기를 더 제대로 즐길 수 있기 때문이다. 멈춤pausing이란 자신이 어떤 상황에 놓여 있는지 한층 잘 알아차릴 수 있도록 돕는 마음챙김 훈련이다.[9] 삶에 충분히 주의를 기울이지 않으면 미묘한 요소들을 놓치기 십상이다. 멈춤은 이런 점들을 알아차리는 데 도움이 된다. 다른 관점에서 상황을 바라볼 수 있도록 해준다. 또한 당면한 상황을 바꾸지 않고도 현재 벌어지고 있는 일을 인정하도록 한다. 역설적으로 들리겠지만 갈등에서 벗어나려면 현재 상황을 있는 그대로 인정하는 일이 무엇보다 중요하다.

멈춤이란 잠깐 멈춰 현재 상황이 어떤지 살피는 것이다. 멈춤을 실행하는 구체적인 방법이 이 책 전반에 소개되어 있다. 이 책을 읽는 독자분 중에는 수년째 조용히 명상을 수련해온 분도 있고 지금껏 멈춤의 순간을 한 번도 느껴보지 못한 분도 있을 것이다. 이 책에 소개한 훈련 방법은 그동안 살아온 내용과 관계없이 모든 사람에게 새로운 통찰력을 제시할 만큼 깊이 있으며, 누구든 쉽게 실행해볼 수 있을 정도로 단순하다.

패턴을 파괴하라

멈춤의 목적은 결국 갈등 패턴을 찾아내고 그 패턴을 파괴해 갈등고리에서 벗어나는 것이다.

1부에서는 어떻게 우리의 갈등 습관이 다른 사람의 갈등 습관과 뒤엉켜 갈등 패턴을 만들어내는지 멈춤을 통해 확인할 것이다. 멈춰서 갈등 상황을 관찰하는 일만으로 갈등 패턴이 파괴

될 때도 있다. 그동안 갈등에서 벗어나려고 어떤 행동을 취해왔다면 그런 행동을 관찰하기만 해도 갈등 패턴이 사라질 수 있다.

2부에서는 먼저 멈춤을 통해 갈등 패턴을 만들어내는 요소들을 찾아낸 다음 패턴 파괴 행동으로 갈등 패턴에서 벗어나도록 훈련하는 방법을 알아볼 것이다. 익숙한 시나리오에 새롭게 반응할 때 패턴 파괴 행동이 나타난다. 새로운 반응은 전과는 다른 방향으로 움직이는 데 도움이 된다.

3부에서는 멈춤을 통해 이상적 미래ideal future(최적의 결과의 '원형')를 상상한 다음 그 지점으로 나아가기 위한 패턴 파괴 경로 pattern-breaking path를 설계한 뒤 이상적 미래를 최적의 결과로 변화시켜 영원히 갈등고리에서 벗어날 방법을 배워볼 것이다.

갈등에서 자유로워져라

갈등이 되풀이되면 자신이 무엇을 원하는지 상상하는 대신 과거의 문제를 곱씹고 비난할 대상을 찾는 데 집중하며, 미래를 생각할 때 당면한 현실을 직시하지 않게 된다. 타인의 경험이나 갈망, 욕구와 관련된 냉엄하고 냉혹한 현실을 인정하는 일보다 현실에서는 결코 일어나지 않을 법한 이상적인 시나리오에 환상을 갖는 일이 훨씬 쉽기 때문이다. 좀더 자세히 설명하자면 다음 그림에서 보듯이 이상적 미래를 상상하는 능력, 당면한 상황과 사람들을 둘러싼 현실을 인정하는 능력, 두 가지 모두 최적의 결과를 만들어내는 능력의 정도에 영향을 미친다. 환상과 현실을 구분하는 방법은 1장과 8장에서 자세히 살펴보자.

갈등고리에서 벗어나는 일은 쉽지 않을 수 있다. 갈등고리를 강화하는 습관과 패턴들은 안으로 강하게 끌어당기는 힘을 지녔기 때문이다. 갈등고리에서 벗어나려면 외부에서 갈등고리 밖으로 끌어당기는 힘이 필요하다. 최적의 결과가 바로 그 힘이다. 우리를 갈등고리 밖으로 끌어당겨 갈등 해방에 한 걸음 더 가까워질 수 있도록 도와주는 힘을 만들어내려면 어떻게 해야 할지는 8장에서 살펴보겠다.

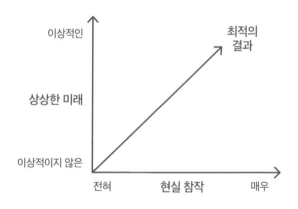

| 상상한 미래와 현실을 극대화하는 최적의 결과 |

갈등 해방이란 무엇인가

지금껏 갈등에서 벗어나는 문제에 대해 계속 이야기해왔지만 한 가지 정확하게 짚고 넘어가야 할 점이 있다. 이 책의 목표는 모든 갈등을 없앨 방법을 알려주는 것이 아니다. 그보다는 갈등을 해결하려고 무수히 노력했지만 번번이 실패를 맛보았던 분들을 위해 그동안 어떤 습관적인 사고방식이나 감정 상태, 행동 양식이 걸림돌이 되었는지 찾아내고 거기에서 벗어나는 데 도움이 되는 훈련 방법들을 제시하려 한다. 이런 방법을 익혀두면 어떤 상황에서든 갈등고리에서 빠져나오는 데 도움이 된다.

갈등 해방을 목표로 삼으면 좋은 점이 있다. 누구의 마음속에나 이미 갈등에서 벗어나는 데 필요한 능력이 있기 때문이다. 다른 사람이 나를 변화시켜주거나 내 생각에 동의할 때까지 기다릴 필요가 없다. 누군가의 협조 없이도 얼마든지 스스로 갈등에서 벗어날 수 있다.

마찬가지로 전문가에게 도움받아도 좋겠지만 대부분은 코치나 인재 관리 전문가, 중재인 도움 없이도 갈등고리에서 벗어날 수 있다. 혼자 힘으로도 얼마든지 최적의 결과에 다다를 수 있다. 이 책에 소개된 훈련 방법들이 최적의 결과로 이어지는 길을 알려줄 것이다.

오랫동안 마음을 짓눌렀던 갈등고리에서 벗어나는 순간 갑작스레 해방감이 몰려올 것이다. 몸이 한층 가벼워지고, 안도의 한 숨이 나오고, 그동안 족쇄처럼 느껴졌던 무력감으로부터 자유로 워진 기분이 들 것이다.

나 역시 엄마와의 갈등 상황 때문에 힘들어하던 중 마법 같은 순간이 찾아왔을 때 온몸에서 긴장이 사라지는 느낌이 들었다. 갑자기 발걸음이 가벼워졌고 잔뜩 경직되었던 턱도 부드러워졌 다. 수업을 듣는 학생들과 상담을 받는 고객들에게서도 이런 변 화가 나타났다. 갈등고리에서 벗어나자 움츠러든 어깨가 쫙 펴 지고 편안해졌으며, 굳은 입술에 미소가 일었고, 찌푸렸던 이마 도 매끈해졌다. 신체적 해방과 감정적 해방이 함께 찾아왔다.

누구나 이런 경험을 할 수 있다.

단어 선택의 문제

이 책은 갈등에서 벗어나는 방법을 소개한다. 나는 그동안의 경 험으로 어휘가 갈등에서 벗어나는 데 도움이 되기도 하고 방해 가 되기도 한다는 사실을 깨달았다. 점화 효과priming effect에 관 한 연구에 의하면 사람이나 상황을 묘사하는 방식은 우리의 생 각과 경험에 영향을 미친다. 다시 말해 단어 선택이 중요하다.

예를 들어 어떤 상황을 묘사하는 데 갈등이라는 말을 사용한다면 그 단어는 상황에 관한 생각에 영향을 미치고, 결국 결과에도 영향을 준다. 갈등이라는 단어가 귀에 들어오면 뇌는 싸움, 의견 충돌 같은 유의어나 갈등은 어려울 수밖에 없다는 식의 개념과 연결 지어 생각하게 된다. 점화 효과 때문에 새로운 갈등 접근 방법을 찾으려고 노력하기보다는 갈등은 피할 수 없다고 가정하게 될 가능성이 크다.

마찬가지로 다른 누군가와의 관계를 정의하기 위해 상대방counterpart, 당사자party, 적수opponent처럼 갈등 지향적인 단어를 사용하면 대부분 관계에 내재한 복잡한 속성을 제대로 표현할 수 없을 뿐 아니라 장기적으로 그 사람과의 관계를 긍정적으로 변화시키기도 힘들다.

나는 변화 가능성을 열어두고 싶다. 따라서 되도록 남동생, 친구, 리더, 동료, 그들, 그들의 것, 다른 사람들처럼 좀더 중립적이고 일상적인 어휘를 사용하려고 노력했다. 더불어 우리가 마주한 것들을 상황이나 경험 같은 중립적인 단어로 표현하기 위해 최선을 다했다. 하지만 논점을 최대한 명확히 전달해야 할 때는 갈등이라는 단어를 쓰기도 했다. 다양한 단어를 응용해 각 단어가 해결 가능성에 대한 관점에 어떤 영향을 미치는지 직접 실험해보기 바란다.

은밀히 퍼져나가는 특성 때문에 점화 효과를 완전히 피하지 못할 수도 있다. 하지만 원하는 목표를 달성하는 데 방해보다는 도움이 되는 표현을 사용하려고 노력해볼 만하다. 점화 효과의 위력을 인정하는 것만으로도 도움이 될 수 있다.

나의 갈등 상황은 무엇인가

컬럼비아 대학교에서 강의할 때마다 나는 학생들에게 워크숍 기간에 최적의 결과 기법을 적용할 만한 갈등 상황을 선택할 시간을 준다. 실제로 자신이 겪고 있는 문제를 고르는 것이 가장 좋으며, 보통 별문제 없이 상황을 떠올린다.

하지만 어느 수업에서나 학생 한두 명은 이를 쉽게 떠올리지 못한다. 조다나는 강의를 시작했을 무렵 갈등 상황을 쉽게 생각해내지 못한 학생 중 하나였다. 메릴랜드에서 대가족과 함께 성장한 조다나는 스물여덟 살의 소프트웨어 회사 관리자였다.

어떤 갈등 상황도 이야기하지 못하는 조다나에게 나는 직장이 어디이고 집이 어디인지 물었다. 조다나는 계속 아무것도 떠올리지 못했다. 나는 다시 조다나에게 가족에 대해 질문했다. 조다나는 망설이듯 잠깐 말을 멈췄다가 천천히 입을 뗐다.

"제가 두 살 때 부모님이 이혼하셨어요. 20년도 전에 아빠가 바람을 피웠고, 엄마는 아빠를 용서하지 못했어요. 아빠는 곧바로 재혼했지만 엄마는 줄곧 혼자 사셨어요. 두 분은 서로 견디기 힘들어했어요. 엄마와 아빠가 대화하거나 만나야 하는 때엔 상황이 그야말로 엉망진창이 돼요. 이제 몇 달 뒤면 작은언니가 결혼해요. 두 분이 예식 때 같이 있는 상황에 어떻게 대처해야 할지 도무지 모르겠어요. 큰언니는 지금 임신 중이에요. 조카가 태어나면 두 분 중 누가 먼저 아기를 보러 가야 할까요? 게다가 저도 곧 학교를 졸업해요. 두 분 모두 제 졸업식에 참석하시면 좋겠어요."

조다나는 사방이 물이라 그 안에서 헤엄치면서도 정작 자신이 물속에 있다는 사실을 깨닫지 못하는 속담 속 물고기와 다르지 않았다. 조다나가 두 살 때부터 양친은 갈등을 겪었다. 주위가 온통 갈등이라 그 상황을 갈등으로 여기지 않았을 뿐이었다. 조다나는 부모로 인한 갈등 상황을 삶의 일부로 받아들였다.

하지만 성인이 되자 앞으로 가족이 모일 때마다 부모의 갈등 때문에 세 자매가 힘든 시간을 보낼 수밖에 없을 것이라 깨달았다. 양친 사이에 갈등이 있다는 사실을 인정하자 조다나에게는 갈등에 대처할 힘이 생겼다.

그동안의 경험에 따르면 자신이 관심을 두고 있는 상황에 최적의 결과 훈련 기법을 적용해야 이 기법을 가장 잘 이해할 수 있다. 바로 이런 이유로 여러분이 선택한 상황에 최적의 결과 훈련 기법을 적용하는 데 도움이 될 만한 몇 가지 질문을 각 장에서 던질 것이다.

조다나가 그랬던 것처럼 잠깐 시간을 내어 그동안 겪었던 다양한 상황을 생각해보자. 직장, 가정, 공동체, 국가, 국제사회에서 관심 있어 하는 반복적인 갈등 상황을 떠올려보기 바란다.

이 책을 가장 효과적으로 활용하려면 다음 세 가지 특징이 적용되는 상황을 선택해야 한다.

1. 상황이 나에게 직접적으로 영향을 미치고 있다. 나는 단순히 다른 누군가와 관련된 논쟁을 지켜보는 관찰자가 아니다.

2. 나 혹은 다른 누군가가 과거에 갈등을 해결하려 시도했지만 실패했다.

3. 나는 상황에 도움이 될 만한 일을 할 수 있다. 상황은 아직 종결되지 않았고 여전히 진행 중이다.

서로 다른 여러 상황이 당신을 괴롭히고 있다면 그중 가장 시급한 상황을 선택해야 한다.

이제 잠깐 멈춰서 다음 질문에 대한 답을 적어보자.

누가 이 상황에 개입되어 있는가?

무엇에 관한 갈등인가? 사람들은 무엇을 걱정하는가?

마지막으로 정확히 어떤 이유 때문에 최적의 결과에 도달하고자 하는지 구체적으로 이야기할 수 있으면 좋다. 이 질문에 대한 답이 이 책에 수록된 훈련을 끝까지 해내도록 동기를 부여할 것이다. 상황이 어려워지더라도 질문에 대한 답을 알고 있으면 훈련을 이어나가는 데 도움이 된다. 훈련이 힘들어질 수도 있다. 훈련 과정에서 어느 지점에 도달하면 자신을 솔직하게 바라봐야 하며, 원하는 결과에 도달하기 위해 어떤 변화를 고려해야 할지 고민해야 한다. 용감하고 적응력이 뛰어난 사람에게도 몹시 힘든 과정이다. 하지만 연구로 밝혀졌듯 자신이 변하고 싶은 이유를 알면 변화를 실행하고 꾸준히 노력하기가 한층 쉽다. 그러니 잠깐 시간을 내어 다음 질문에 대한 답을 적어보자.

나는 왜 이 갈등에서 벗어나고 싶어 하는가?

갈등에서 벗어나고자 하는 이유를 찾아냈는가? 그렇다면 이제부터 어떻게 갈등에서 벗어날 수 있을지 집중적으로 살펴보자. 단계별로 훈련하다 보면 어떻게 갈등 상황에 빠져들게 되었는지 정확히 이해하고, 갈등고리에서 벗어나는 방법을 익힐 수 있다. 다른 사람의 동의나 협력이 없을 때 갈등고리에서 벗어나는 방법도 배울 수 있다. 또한 현재 자신이 어떤 상황에 놓여 있는지 냉철하게 관찰하고, 현재와 미래의 갈등에서 벗어나는 방법을 알게 될 것이다.

요약

▶ 갈등은 불가피하다. 원활하게 돌아가는 인생, 팀, 조직, 사회에도 적당한 갈등은 있게 마련이다. 하지만 갈등이 반복적으로 발생하면 현재에 집중하기 힘들고, 원하는 방식으로 주변 사람이나 주위 세상에 이바지하기 어렵다.

▶ 갈등은 특성상 자기 강화 고리를 만들어내 또 다른 갈등을 낳는다. 일단 갈등이 시작되면 더 많은 갈등으로 이어질 가능성이 크다.

▶ 모든 갈등을 말끔히 해결할 수는 없다. 해결이 불가능해 보이는 상황에서 갈등고리로부터 벗어나려면 먼저 갈등 패턴에 주목해야 한다. 1부에서 갈등 패턴을 찾아내는 방법을 살펴본다.

▶ 2부에서는 멈춤의 시간을 통해 이미 존재하는 갈등 패턴을 심층적으로 관찰한 다음 패턴 파괴 행동을 하기 위한 훈련 방법을 살펴본다. 패턴 파괴 행동이란 그동안 해왔던 행동과는 다른 건설적인 행동을 뜻한다.

▶ 3부에서는 갈등고리에서 벗어나기 위한 훈련 방법을 소개한

다. 이 훈련법들은 최적의 결과에 도달하기 위한 경로를 상상하고, 설계하고, 검증하고, 선택하는 데 도움이 된다. 최적의 결과란 당면한 상황을 둘러싼 현실에 대한 냉엄한 진실을 고려한 이상적 시나리오이자 갈등고리에서 벗어나 갈등 해방 상태로 나아가도록 밖에서 끌어당기는 힘이다.

시작하기

수록된 훈련 방법들을 직접 적용해보려면 실제 사례가 필요하다. 자신의 인생에 반복적으로 영향을 미쳐온 갈등 상황 하나를 골라보자. 그런 뒤에 다음 질문에 대해 잠시 생각해보자.

▶ 누가 이 상황에 개입되어 있는가?
▶ 무엇에 관한 갈등인가? 즉, 사람들은 무엇을 걱정하는가?
▶ 왜 이 갈등에서 벗어나고자 하는가?

1장

갈등 습관과
갈등 패턴에 주목하라

모든 위기에는 메시지가 있다. 위기는 강제로 변화를 이끌어
내는 자연의 방식이다. 오래된 체계를 무너뜨리고, 부정적인
습관들을 뒤흔들어 새롭고 더 나은 일이 일어나도록 만든다.

— 수전 L. 테일러

엄마와 나의 갈등 상황을 생각해보면 우리 둘의 갈등 습관은 상
호작용 패턴을 형성해 가차 없이 돌아가는 회전목마처럼 우리
를 갈등고리 속에 붙들어두었다.

잠시 뒤 우리 모녀를 괴롭힌 갈등 습관과 패턴을 돌아보고,
내 고객과 학생 들이 겪었던 갈등 습관과 패턴에 대해 살펴보겠
다. 그 전에 먼저 갈등 습관이 어떻게 만들어지는지 생각해보자.

갈등 습관은 어떻게 만들어지는가

우리의 갈등 습관은 그동안 경험하거나 교육받아온 방식에 따라 다르게 나타난다. 부모, 그 외의 다른 가족 구성원, 교사, 운동 코치, 성직자, 살면서 만나는 다른 영향력 있는 인물들에게서 배운 것들이 우리의 갈등 습관에 크게 영향을 미친다. 이처럼 인생에서 중요한 누군가가 알려준 갈등 대처 방식에 따라 갈등 습관이 만들어지기도 하지만 그보다는 이런 습관에 관한 이야기를 누구에게서도 듣지 못했을 가능성이 크다. 그저 누군가가 '몸소 실천해 보이는' 모습을 보고 그런 행동을 익힐 뿐이다. 우리는 다른 사람들이 갈등에 대처하는 모습을 지켜보면서 그들의 행동을 본보기로 삼는다.

나처럼 감정이 격해졌을 때 고함지르고 울부짖고 문을 쾅 닫는 집안에서 자랐다면 성인이 된 뒤 집에서 똑같이 행동하게 될 수 있다. 내게 상담받으러 왔던 스티븐처럼 무슨 수를 써서라도 갈등을 피해야 한다는 암묵적인 규칙이 있는 가정에서 자랐다면 갈등이 발생했을 때 정면으로 대응하기보다 그저 그 자리에서 벗어나는 습관을 지녔을 수도 있다.

우리는 다양한 갈등 상황에서 일관되게 한 가지 갈등 습관을 사용한다. 이를 주요 갈등 습관primary conflict habit이라 부른다.

하지만 갈등 상황에 따라 갈등 습관이 달라지기도 한다. 예를 들어 가정에서의 갈등 습관과 직장에서의 갈등 습관, 공동체 안에서의 갈등 습관이 다를 수 있다.

성장 과정에서 받은 메시지는 다양한 상황에서 갈등 습관을 표출하는 정도를 결정한다. 가령 나는 어릴 때부터 집에서는 소리를 지르고 문을 쾅 닫아도 괜찮지만 다른 사람들 앞에서는 그렇게 행동하면 안 된다고 배웠다. 남동생과 나는 집에서는 다른 가족들에게 소리가 다 들리는 곳에서 툭하면 싸웠다. 하지만 슈퍼마켓에서는 싸우려는 조짐만 보여도 부모님이 순식간에 상황을 종결짓곤 했다. 그래서인지 성인이 된 지금도 나는 공공장소보다 집에서 목소리를 훨씬 쉽게 높이는 편이다.

갈등 습관 유형

조직 리더들을 가르치고 컨설팅해온 다년간의 경험과 연구[1]를 토대로 나는 의도와 상관없이 갈등고리를 영속시키는 패턴 속에 우리를 가두는 갈등 습관 네 가지를 찾아냈다.

다음 내용을 읽다 보면 우리의 습관이 당면한 문제의 한 부분이라는 사실을 깨달을 것이다. 머릿속에서 '나 때문이 아니야'라는 방어적인 목소리가 들려오는 듯할 수도 있다.

하지만 우리의 습관이 문제의 한 부분을 차지한다고 해서 우리가 끔찍한 인간이 되는 것은 아니다. 이 같은 사실은 오히려 우리를 더욱 인간답게 만들 뿐이다.

갈등에서 벗어나고 싶다면 먼저 우리의 갈등 습관이 갈등에 어떻게 영향을 미치는지 살펴봐야 한다.

베스트셀러 『대화의 심리학』 공저자 더글러스 스톤Douglas Stone과 브루스 패튼, 쉴라 힌Sheila Heen[2]의 설명처럼 당면한 상황에 대한 나의 책임이 5퍼센트인지, 50퍼센트인지, 95퍼센트인지는 중요하지 않다. 중요한 것은 여러 사람의 책임이 모여 그런 상황이 생겨났다는 점이다. 다시 말해 나와 다른 누군가가 함께 지금의 상황을 만들어낸 것이다.

주요 갈등 습관을 찾아내면 자신을 괴롭히는 까다로운 갈등 상황에 자신이 어떤 영향을 미쳤는지 이해하는 데 도움이 된다.

희소식은 자신의 갈등 습관이 어떻게 방해가 되는지 깨달으면 지금까지의 습관을 버리고 이전과 다르게 행동할 수 있다는 점이다. 하버드 대학교 경영대학원 연구진은 최근 개인과 조직의 학습에 관해 연구를 진행하고 사람들이 자신의 행동을 되돌아볼 때 성과가 개선된다[3]는 결과를 발표했다. 까다로운 역학 관계에 자신이 어떤 영향을 미쳤는지 인정하는 것만으로도 상황을 개선하겠다는 목표에 한 걸음 더 가까워진다는 뜻이다.

오래된 습관을 전과는 다른 새로운 습관으로 대체하는 방법은 2부에서 소개할 것이다. 지금 이 단계에서는 자신의 습관을 인정하는 것이 갈등고리를 탈출하기 위해 무엇보다 중요한 첫 걸음이다.

어떤 습관이 가장 익숙하게 느껴지는지 생각하면서 열린 마음으로 아래 내용을 읽어보자. 처음에는 모든 갈등 습관이 익숙해 보일 수 있다. 하지만 머지않아 주요 습관 한 가지를 찾아낼 수 있을 것이다. 별다른 생각 없이 무의식적으로 하는 행동이 바로 주요 습관이다.

타인 비난형

원하는 것이 생기면 곧장 적극적으로 쟁취해야 한다고 배우며 자란 사람들이 있다. 내 고객이자 수상 경력을 자랑하는 근사한 디자인 회사 CEO인 하비에르도 그런 사람이었다. 그는 가문의 이름을 딴 대학 건물까지 있는 집안에서 태어났으며, 그의 부모는 배짱과 강인함을 무엇보다 중요시했다. 훌륭한 배경에 재능까지 매우 뛰어나 하비에르의 자신감은 하늘을 찔렀다.

타고난 경쟁심이 크게 도움이 된 적도 있었다. 하비에르는 회사를 위해 두려움 없이 싸웠으며 다른 기업가라면 힘들어하며 눈물 흘렸을지도 모를 문제가 닥쳐도 즐겁게 헤쳐나갔다. 자사 영역을 침범하는 경쟁업체를 물리치기 위한 수십 가지 전략을 단 몇 분 만에 생각해내는 하비에르의 능력에 팀원들은 경외심을 느꼈다. 하지만 경쟁심이 과도해 다른 사람을 비난하고 공격하는 지경에 이를 때도 있었다.

물론 하비에르는 극단적인 경우이지만 각계각층에서 활동하는 경쟁심 강한 사람 중 다수가 타인 비난형 습관을 지니고 있다. 타인 비난형 습관이 있는 사람들은 이런 행동을 했을 때 상대방이 어떻게 행동하는지 잘 알고 있을 것이다. 성격이 강한 사람은 공격을 되받아치고, 갈등을 꺼리는 사람은 완전히 회피한다.

타인 비난형 습관을 지닌 사람들은 상대가 되받아치면 경쟁심에 못 이겨 다시 상대를 비난하고, 이런 행동은 갈등을 더욱 악화시킨다. 또 상대가 완전히 회피해 갈등고리에 빠진 채 상대의 동의나 도움 없이는 나아가거나 원하는 것을 얻을 수 없는 상황에 부닥치는 때도 많다. 설사 혼자 힘으로 문제를 해결할 수 있다 하더라도 상대가 자신의 동의 없이 일방적으로 일을 진행했다는 사실을 깨닫는 순간 더욱 심각한 갈등이 생길 수 있다.

요컨대 타인을 비난하는 습관은 의도와는 달리 대개 승리보다는 패배로 이어진다. 체면이 구겨질 때도 있고 돈이나 관계, 시간, 에너지, 집중력을 잃을 때도 있다.

하비에르의 경우, 오랜 친구이자 회사 영업 책임자인 타라와의 관계에서 타인을 비난하는 습관에 숨겨진 진정한 파괴의 위력이 드러났다. 타라는 정중하고 공손한 태도를 좋아하는 온화한 영국인이자 회사의 시장 점유율을 기하급수적으로 확대할 수 있는 투지를 지닌 매우 똑똑한 기업가였다. 타라를 고용할 당시 하비에르는 타라가 회사를 성장시키는 데 필요한 조건을 모두 갖춘 적임자라고 생각했다.

그러던 어느 날, 하비에르는 타라의 사무실에 난입해 영업부서의 채용 과정이 얼마나 더디게 진행되고 있는지 지적했다. 다른 회사의 인재를 스카우트하는 과정에 제동을 걸었다며 하비에르가 자신을 향해 큰소리로 비난을 퍼붓고 관련 업무 재개를 지시하자 타라는 그저 외면했다. 이런 일이 주기적으로 벌어졌고, 하비에르의 언성이 높아질수록 타라는 귀를 닫았다. 그런 뒤에는 되도록 오랫동안 하비에르를 멀리했다.

회피형

타라처럼 갈등이 발생했을 때 아예 외면하는 사람도 있다. 몹시 화나서 생산적으로 대화할 수 없는 상황이라면 대립을 피하려는 좋은 의도가 도움이 될 수도 있다. 하지만 어떻게든 갈등을 피하려다 보면 단순히 상대가 화났을 때 상황을 회피하는 수준을 넘어서게 된다. 회피 전략을 고수하면 점점 말수가 줄고 이런 태도는 상황을 개선시키기보다 오히려 악화시킨다. 갈등을 회피할 때 나타나는 전형적인 결과는 '속이 부글부글 끓는 상태'로 갈등이 길어지는 것이다. 갈등은 전혀 해결되지 않은 채 남아 있다가 결국 다시 수면 위로 떠오른다. 이런 식으로 재차 불거진 갈등은 이전보다 강렬할 수 있다.

알렉산드라와 제이슨은 세계적인 법률회사에서 함께 일했다. 어느 날 두 사람은 구내식당에서 동료들과 식사했다. 식사가 끝날 무렵 알렉산드라는 제이슨에게 무심코 질문을 하나 던졌다. 사내에서 가장 뛰어난 인재를 필요로 하는 엄청난 사건에 곧 착수할 텐데 제이슨이 데리고 있는 훌륭한 팀원 중 한 명을 자신의 팀으로 보내줄 수 있는지 물었다.

제이슨은 난색을 보이며 알렉산드라의 질문을 피했다. 그는 약간 짜증스러웠다. 알렉산드라가 원하는 변호사는 이미 까다롭고 중요한 사건을 맡고 있었다. 게다가 그녀의 프로젝트가 제이슨의 프로젝트보다 중요한 것처럼 군다는 사실이 제이슨을 언짢게 했다. 제이슨은 이 요청을 곧장 거절하는 편이 좋다는 사실을 잘 알았다. 하지만 이미 다음 회의에 늦은 상황이라 구내식당에서 열띤 논쟁을 벌일 시간이 없었다.

그로부터 일주일 뒤 알렉산드라는 그 변호사가 정말 필요하다는 설명과 함께 해당 변호사의 보직을 변경해도 될지 재차 묻는 이메일을 제이슨에게 보냈다. 하지만 제이슨은 담당 사건을 처리하느라 매우 바빠 이메일에 답신할 여유가 없었다.

그렇게 그다음 주가 되었고 알렉산드라는 업무가 끝날 때까지 답하지 않으면 자신이 원하는 변호사에게 업무 변경을 통보하겠다고 제이슨에게 이메일로 알렸다. 알렉산드라의 최후통첩을 확인하고 제이슨은 위기 모드에 돌입했다. 닥친 위협에 대처하느라 진행하던 모든 업무를 보류할 수밖에 없었다.

자아비판형

타라의 결정을 실수라 단정하고 타라를 맹비난한 하비에르와 반대로 갈등을 겪을 때 자신을 비난하는 사람도 있다. 자신의 잘못을 인정하는 사람들이 가진 선의의 목표는 과거의 잘못에서 교훈을 얻고 다음에는 더 잘해보겠다는 것이다. 이런 태도의 장점은 자신의 행동을 책임지고 개선해나갈 방법을 찾는 데 집중할 수 있다는 것이다. 하지만 당면한 상황에 자신이 얼마만큼 영향을 미쳤든 강박적으로 자신을 비난하고, 자기 행동이 잘못됐다고 느끼는 차원을 넘어서서 자기 자신이 나쁘거나 잘못됐다고 느낀다면 교훈을 얻겠다는 의도가 왜곡된다. 유용한 가르침을 약간 얻더라도 굴욕감 때문에 새로운 교훈이 무색해진다. 쓸데없이 자신을 닦달하면 오히려 갈등이 길어질 뿐이다.

마커스는 고객의 비즈니스를 제대로 파악하지 못해 고객 미팅에서 회사 입장을 곤란하게 만들었다. 그 일로 상사에게 질책받자 마커스는 필요한 내용을 모두 숙지해 다시는 같은 일이 반복되지 않도록 하겠다고 즉시 약속했다. 하지만 속으로는 모든 내용을 제대로 알고 있지 못했다는 사실에 깊은 굴욕감을 느꼈으며, 자기 때문에 미팅을 망쳤다고 자책했다. 그날 밤, 마커스는 홀로 침대에 누워 되뇌었다. "그 말이 맞아. 나는 고객 비즈니스에 대해 아는 게 없어. 다시 학교로 돌아가서 제대로 된 학위를 따는 게 나을지도 몰라. 여기에서 성공하는 데 필요한 자질이 부족하다는 걸 깨달았어야 해. 내가 도대체 무슨 짓을 한 걸까? 정말이지 믿기 힘들 정도로 멍청하게 굴고 말았어⋯⋯." 더 나은 사람이 되겠다는 마커스의 욕구 자체는 좋았다. 하지만 부정적으로 혼잣말을 빈복하며 자신을 비난하고 모욕하자 앞으로 더 나은 성과를 낼 가능성이 오히려 줄었다. 머릿속에서 번뇌와 고민의 굴레가 쉴 새 없이 굴렀다. 부정적인 태도는 교훈을 얻는 데 방해가 되었고 마커스는 갈등에서 벗어나지 못했다.

끈질긴 협력 추구형

갈등이 생기면 다른 사람과 협력하기 위해 노력하는 부류도 있다. 이 유형에 해당하는 사람들의 목표는 원만한 갈등 해결이다. 갈등 상황과 관련된 모든 당사자가 갈등을 해결하려는 의지와 서로에게 도움이 되는 지식을 갖춰 갈등을 원활하게 해결할 수 있는 상황도 있다. 이런 경우라면 서로 전문 지식을 공유하고 다양한 방안을 논의하며 문제를 풀어나갈 수 있다. 하지만 말로 표현하기 어려운 뿌리 깊은 가치관과 해묵은 감정 때문에 서로 협력하기 힘든 경우가 많다.

갈등 상황에서 무작정 협력을 추구하는 습관은 다른 갈등 습관 못지않게 역효과로 이어질 수 있다. 물론 겉으로는 그렇게 보이지 않을 수도 있다. 특히 우리 사회가 협력을 소중히 여긴다는 점을 고려하면 협력을 추구하는 습관이 좋지 않다고 생각하기 어렵겠지만 무턱대고 끈질기게 협력하려 하면 기대한 효과를 얻기 힘들다.

또한 열린 마음으로 상대를 대하려는 선의가 악용될 수도 있다. 이런 부류의 사람들은 어떤 대가를 치르더라도 협력하고 말겠다는 태도로 갈등에 임하지만 갈등 상황에 관련된 어떤 사람도 만족시킬 수 없는 해결방안을 마련하느라 소중한 시간과 에너지를 낭비하게 된다.

언젠가는 무너져내릴 미봉책에 불과한 해결방안이 등장하든 열띤 논쟁이 벌어지든 시간은 쉼 없이 흘러간다. 국제 무대에서도 이런 일이 벌어진다. 외교 수장들마저 협력에 전혀 관심 없는 상대와 뜻을 모아보려고 수년을 낭비하기도 한다. 물론 좀더 일상적인 상황에서 이런 일이 벌어지기도 한다.

하비에르가 운영하는 일류 디자인 회사에서 18개월 동안 고객 관리 및 기획 분야 책임자로서 훌륭하게 업무를 수행해온 아키코는 최근 공석이 된 COO(최고운영책임자) 자리를 차지하겠다는 목표를 세웠다. 하비에르도 아키코가 적임자라는 데 동의했다. 하지만 타라는 하비에르와 몇 차례 비공식적으로 담소를 나누며 COO 자리가 자신에게 주어질 것이라 짐작했다. COO가 된다면 업무나 직급 면에서 타라에게는 파격적인 승진이 될 터였다.

하비에르가 아키코에게 COO직을 제안하자 타라는 불같이 화내며 회사를 나가겠다고 위협했다. 하비에르는 회사의 핵심 인재이자 좋은 친구인 타라를 잃고 싶지 않았다. 하비에르는 아키코와 타라에게 둘이 알아서 역할을 나눠보라고 이야기했다. 아키코는 갈등 해결 기술을 익혀온 데다 협력 선호 성향을 지녔기 때문에 타라와의 문제를 해결하려 노력했다.

아키코는 몇 달 동안 타라와 COO 역할을 공유하기 위해 다양한 방안을 제시했다. 타라는 아키코가 새롭게 의견을 내놓을 때마다 처음에는 반기는 듯하다가 결국에는 제안을 거절했다. 시간이 흐를수록 아키코의 좌절감은 깊어만 갔다. 몇 달 동안 대화가 오갔지만 타라는 모든 방안을 계속 거부했다. COO 자리는 여전히 공석이었고 아키코와 타라의 관계는 매우 나빠졌다.

나의 갈등 습관은 무엇인가

자신이 어떤 사람인지 이해하는 일이 무엇보다 중요하다. 자신의 갈등 습관을 이해하면 갈등 습관이 우리에게 미치는 영향을 줄일 수 있다. 위에서 살펴본 네 가지 패턴을 떠올려보자. 그중 당신의 주요 습관은 무엇인가? 물론 갈등이 생긴 곳이 직장인지, 집인지, 공동체인지에 따라 각기 다른 갈등 습관이 나타날 수 있다. 그렇지만 어떤 갈등 습관이 가장 자주 나타나는지 자문해보면 도움이 된다.

대답하기 어렵다면 어떤 습관이 가장 편안하게 혹은 매혹적으로 느껴지는지 생각해보자. 갈등에 처했을 때 어떤 습관이 나타나든 그런 습관을 사용하는 의도 자체는 좋다는 사실을 기억하자. 그러니 솔직하게 생각해보자. 타인의 갈등 습관을 밝혀내는 것은 그 누구에게도 도움이 되지 않는다. 자신을 제대로 파악하는 것이 갈등에서 벗어나기 위한 첫걸음이다.

디자인 회사 CEO 하비에르는 이 같은 사실을 그다지 인정하고 싶어 하지 않았다. 하지만 누군가가 자신이 원하는 일을 해내지 못했을 때 상대를 향해 소리를 질러대는 것이 자신의 방식이라는 사실을 잘 알았다. 흥미롭게도 하비에르는 자신이 집보다 회사에서 이런 모습을 많이 보인다고 생각했다. 약혼녀는 하비에르와 세상에서 가장 가까운 사람이었다. 하비에르를 잘 이해했으며, 그에게서 도움받는 만큼 많이 도와주려 노력했다. 하지만 회사 직원들은 항상 나쁜 소식을 전하거나, 자신의 행동이나 말을 가로막거나, 일을 엉망으로 처리하거나, 업무를 완전히 망치는 등 갖은 방식으로 하비에르를 화나게 했다. 온종일 까다로운 상대에 둘러싸여 있을 때면 하비에르는 버릇처럼 버럭 화냈다. 하지만 솔직히 이야기해 하비에르는 집에서든 회사에서든

화가 나기만 하면 무조건 다른 이를 비난하는 사람이었다.

갈등 패턴 유형

직접 물어보지 않는 이상 다른 사람의 주요 습관이 무엇인지는 확실히 알 수 없다. 하지만 추측해보는 것도 좋다.

다른 사람의 주요 습관을 추측하는 목적은 다른 사람을 판단하거나 꼬리표를 붙이는 것이 아니라 나와 타인이 어떤 식으로 갈등 상황에 빠져드는지 이해하는 것이다.

다른 사람들의 주요 갈등 습관을 찾아냈다면 패턴에 주목해야 한다. 여기서 패턴이란 나의 갈등 습관과 타인의 갈등 습관 사이에서 발생하는 상호작용을 뜻한다.

그동안 연구와 상담을 진행하면서 가장 흔하게 발견한 갈등 패턴 다섯 가지는 다음과 같다.

비난-자아비판 패턴

안잘리라는 학생은 자신이 부족하다는 이유로 이모에게 끊임없이 질책받는다고 느꼈다. 이모는 안잘리가 딸, 조카, 학생, 친구, 사촌, 축구 선수, 과학자, 그 외 온갖 역할을 충분히 잘 해내지 못한다며 계속해서 비난했다. 이모가 책잡을 때마다 안잘리는 그

끝없는 비난을 머릿속에서 되새겼다. 좋은 친구가 아니라고 이모가 비난하면 안잘리는 그동안 친구들을 얼마나 실망시켜왔는지 생각했다. 훌륭한 축구 선수가 아니라고 이모가 이야기하면 안잘리는 자신이 놓친 모든 골을 떠올리며 이모의 비난을 필요 이상으로 곱씹었다. 안잘리가 계속해서 그동안 충분히 잘 해내지 못한 모든 일을 곱씹으며 자신을 괴롭힐 작정이었다면 이모와 안잘리는 그야말로 완벽한 한 쌍이 될 수 있었을 것이다!

비난-회피 패턴

타라는 하비에르의 주요 갈등 습관이 타인 비난형이며 자신의 주요 갈등 습관은 회피형이라는 사실을 깨달았다. 타라는 두 사람의 상호작용이 전혀 진전되지 않는 이유가 어쩌면 이 갈등 습관 때문일 수도 있겠다고 생각했다. 하비에르는 툭하면 화내며 폭발했고, 하비에르가 그렇게 반응하면 타라는 곧장 밖으로 나갔다. 그리고 하비에르가 진정할 때까지 그를 피해 다녔다. 며칠 혹은 몇 주 동안 이런 상태가 계속된 적도 있었다. 이런 갈등 패턴 때문에 창의적인 활동에 쓰일 수도 있었을 소중한 시간이 하비에르가 폭발하고 타라가 숨는 식의 역학에 쓸데없이 낭비되었다.

끈질긴 협력 추구-회피 패턴

아키코는 협력을 향한 자신의 열망이 아무런 도움이 되지 않는다는 사실을 깨달았다. 아키코와 타라는 아키코가 제안하고 타라가 퇴짜 놓는 패턴에 사로잡혀 있었다. 결국 '패배'를 인정한 아키코는 앞으로 어떻게 해야 할지 도무지 종잡을 수 없었다. 하지만 협력을 위해 더 애쓴다고 한들 자신은 물론 어느 누구도 갈등 상황에서 벗어날 수 없다는 사실을 깨달았다.

회피-회피 패턴

재스민과 여동생 테리사는 수년째 대화하지 않았다. 어머니가 돌아가시고 유품을 나누는 문제로 두 사람의 갈등이 시작되었다. 마지막으로 어머니의 집을 나선 뒤 자매는 서로 전화 한 통 걸지 않았다. 생일이나 명절에 안부를 묻지도 않았다. 두 사람은 원래 서로 마음이 잘 맞지 않았다. 거기에 어머니까지 돌아가셨으니 아무런 잘못도 없는 아이들을 위해 관계를 회복해야 할 필요를 제외하면 문제를 해결하려고 노력할 이유가 더욱 줄었다.

비난-비난 패턴

하비에르는 아버지의 주요 갈등 습관이 타인 비난형이라는 사실을 깨달았다. 이 같은 깨달음은 하비에르가 왜 아버지와 사사건건 싸울 수밖에 없었는지 이해하는 데 도움이 되었다. 둘 중 한 사람이 공격을 시작하면 늘 다른 한쪽도 지지 않고 받아쳤다. 이런 상황이 반복되자 벗어날 수 없을 듯한 갈등 패턴이 생겨났다.

그룹의 갈등 습관과 갈등 패턴에 주목하라

하비에르 부자처럼 두 사람이 같은 갈등 습관을 가진 경우도 있고 그룹 전체가 똑같은 갈등 습관을 공유하는 경우도 있다. 사실 가문의 내력, 문화적인 기대치, 성격 특성, 직업적인 전문 지식 등 비슷한 배경이나 기술, 특성을 가진 사람들이 같은 갈등 습관을 갖고 있을 때가 많다.

세계적인 미디어 회사의 인사 책임자 안드레는 사내 광고영업팀 지도부와 갈등을 빚었다. 새로운 기업 정책을 따르라는 안드레의 이메일에 광고영업팀의 세 리더는 노골적으로 거부 의사를 밝혔다. 안드레는 세 사람이 보내온 이메일이 적대적이라고 생각했다.

이런 상황이 몇 달 동안 계속되었다. 안드레가 광고영업팀 지도부에 기업 정책 준수를 수차례 권고했으나 그 요구는 번번이 묵살되었다. 상황은 걷잡을 수 없이 나빠져 결국 더 이상 그들과 좋은 말로 대화할 수 없는 지경에 이르렀다. 안드레는 이제 어떻게 해야 할지 도무지 종잡을 수 없었다.

그 무렵 내 강의를 통해 최적의 결과 기법을 알게 된 안드레는 광고영업팀 리더들의 갈등 습관을 파악하기 위해 노력했다. 안드레는 그들이 갈등 상황에 부딪혔을 때 상대를 비난하는 습관을 지녔다고 생각했다. 숙고 끝에 안드레는 그들에게서 비난형 습관이 나타나는 것이 당연한 일이라 깨달았다. 물론 광고영업팀 리더들이 일을 잘 해내기 위해서는 고객들과 좋은 관계를 맺어야 했다. 하지만 시장에서 경쟁할 때, 특히 새로 통합된 시장에 진입할 때는 같은 분야에서 활동하는 다른 회사 영업팀을 물리치고 시장 점유율을 확보해야만 했다.

광고영업팀 리더들은 업무 특성상 경쟁을 피할 수 없었다. 게다가 "매출을 세 배로 늘리지 못하면 회사를 나가라"라는 야심 가득한 모토에서 드러나듯 광고영업팀의 조직문화에도 경쟁심이 잔뜩 배어 있었다.

안드레는 광고영업팀 리더들의 경쟁심이 그동안 중요한 업무를 성공적으로 수행하는 데 도움이 되었을 수도 있다고 생각했다. 하지만 그와 동시에 자신이 비난과 공격의 대상이 되고 만 듯한 기분에 사로잡힌 일 역시 그들의 지나친 경쟁심 때문일지도 모른다는 생각이 들었다. 게다가 세 사람이 동시에 자신을 공격해 오자 안드레는 매우 당황했다.

광고영업팀 리더들에게 타인을 비난하는 습관이 있다는 사실을 깨닫고 안드레는 자신과 그들 사이에 어떤 갈등 패턴이 있는지 다시 살폈다. 놀랍게도 안드레는 자신 역시 갈등 상황에서 다른 사람을 비난하는 습관을 지녔다는 점을 발견했다. 광고영업팀 리더들은 안드레가 처음 보낸 이메일을 공격으로 받아들였고, 공격받았다고 생각하는 순간 공격 본능이 살아났다. 안드레와 광고영업팀 리더들은 비난 - 비난 패턴에 빠져 있었다.

안드레는 자신과 한 그룹 사이에서 발생한 상호작용 패턴에 주목했다. 하지만 갈등 패턴은 모든 단계에서 찾아낼 수 있다. 개인이나 그룹, 팀, 조직, 공동체는 물론 국가 간에도 갈등 패턴이 존재한다.

하지 말아야 할 행동

2003년부터 미국 케이블 채널 TLC에서는 스테이시 런던Stacy London과 클린턴 켈리Clinton Kelly가 진행하는 리얼리티 쇼 〈패션 테러리스트를 위한 변신 대작전〉What Not to Wear이 방영되었다. 진행자들은 "유행 지난 옷이나 볼품없는 옷, 어울리지 않는 옷, 장점을 가리고 단점이 드러나는 옷을 입는 사람들을 구제하고, 그들에게 인생을 탈바꿈할 만한 변신의 기회를 줄 것"이라 약속했다.

스테이시와 클린턴은 출연자들을 데리고 옷을 새로 사러 가기 전에 그들의 옷장 속을 점검하며 앞으로 입지 말아야 할 옷을 찾아냈다. 스테이시는 출연자의 의상을 하나하나 살펴보며 더는 입으면 안 된다고 외쳤다. "이제 헐렁한 운동복 바지는 안 돼요! 당장 치워요!" "찢어진 티셔츠는 몽땅 쓰레기통에 갖다 버려요!" 옷 주인들은 당황스러운 기색을 띤 채 빙그레 웃으며 벌써 그리운 듯 더 이상 입어서는 안 될 옷을 물끄러미 바라보다 처분용 옷 더미에 올려두었다. 출연자가 솔직한 태도로 이상한 옷을 골라내 과감하게 버리고 난 다음 새 옷을 쇼핑하는 것이 순서에 맞는 일이었다.

마찬가지로 지금은 갈등 상황에 직면했을 때 하지 말아야 할 행동이 무엇인지 식면하는 단계이다. 잠깐 내 이야기로 되돌아가보면 엄마 전화를 피하는 일이 화내며 짜증스럽게 통화하는 것보다 큰 문제를 초래하리라는 사실을 미리 알았더라면 좋았을 것이다. 하지만 사실 엄마의 전화를 대하는 나의 두 반응 모두 우리 두 사람을 갈등고리 속으로 더욱 깊숙이 밀어 넣었다.

오래된 습관을 깨뜨리는 가장 효과적인 방법은 기존의 습관을 완전히 새로운 습관으로 대체하는 것이다. 웬디 우드Wendy Wood 박사의 과학 연구[4]를 통해 나쁜 습관을 바꾸려면 자신이 원하는 결과를 얻는 데 도움이 되는 다른 습관이 필요하다는 사실이 밝혀졌으며, 찰스 두히그Charles Duhigg의 베스트셀러 『습관의 힘』The Power of Habit: Why We Do What We Do in Life and Business[5]으로 이 같은 사실이 널리 알려졌다. 오래된 갈등 습관을 버리고 최적의 결과를 얻는 데 도움이 되는 다른 습관, 즉 기존 패턴을 파괴하는 습관을 키우는 훈련은 3부에서 해볼 것이다.

하지만 연구에서 밝혀졌듯이[6] 나쁜 습관을 다른 습관으로 대체하기에 앞서 지금껏 어떻게 해왔는지 깨달아야 한다. 진정한 변화를 원한다면 가장 먼저 그동안 자신이 어떤 습관과 패턴을 갖고 있었는지에 좀더 관심을 기울여야 한다.

있는 그대로 인정하라

학생들의 도움 덕에 나는 엄마와 내가 비난-비난 패턴에 사로잡혀 있었다는 사실을 깨달았다. 내가 참다못해 회피하는 단계에 들어서면 이런 갈등 패턴이 끝났다. 미처 몰랐던 점을 깨달은 뒤 희망을 느끼고 새로운 동기를 발견하는 경우도 있다. 하지만 우리 모녀가 비난-비난 패턴에 사로잡혀 있다는 결론에 도달한 뒤에는 그런 기분이 들지 않았다. 그보다는 슬펐다. 엄마와 나는 서로 사랑했다. 나는 우리가 사랑한다는 사실을 잘 알았다. 하지만 우리 두 사람은 무심결에 서로 괴롭혔다. 머지않아 나의 다른 인간관계에서도 같은 갈등 패턴이 나타난다는 사실을 깨달았다. 주로 가족과의 관계에서 그런 패턴이 나타났고 친구, 이웃, 동료 들과의 갈등 상황에서도 비난-비난 패턴이 보이기 시작했다. 그 같은 사실을 깨닫고 나는 어쩔 줄 몰랐다.

　하지만 다행스럽게도 이런 과정을 무사히 통과할 수 있도록 많은 사람을 도와준 경험이 있어 다소 불편하긴 해도 내가 겪는 과정이 필수적이며 일시적인 단계라는 사실을 잘 알고 있었다.

주요 갈등 습관을 찾아내고 나면 일상생활 속에서 그런 행동을 하는 자신의 모습을 발견할 수 있다. 자신이 주요 갈등 습관에 해당하는 행동을 하는 순간을 포착하면 그 행동이 슬로모션처럼 느껴지거나 영화에 등장한 자신을 지켜보는 듯한 기분이 들 수도 있다.

이런 상황이 벌어졌을 때 안도감이 들지도 모른다. 오래된 습관을 버릴 준비가 되어 있거나 그런 습관을 잘 찾아낼수록 버리기도 쉽다는 사실을 잘 알고 있기 때문일 것이다.

하지만 나를 비롯한 많은 사람이 그랬듯 자신의 습관, 그리고 자신과 다른 사람들 간의 갈등 패턴에 실망감을 느낄 수도 있다. 파트너가 좌절감이 들 정도로 경쟁심이 강한 사람이 아니기를 바라거나 자신이 빌어먹을 회피 습관에 번번이 빠져들지 않기를 바랄 수도 있다.

이런 반응은 지극히 정상적이다. 갈등 상황에 놓였을 때 사람들은 대체로 세 가지를 바란다. 첫째, 상황 자체가 그저 사라지기를 바란다. 둘째, 다른 사람들이 지금과는 다른 모습이기를 바란다. 셋째, 자신의 모습이 지금과는 다르기를 바란다. 갈등이 생겼을 때 자신을 비난하는 주요 갈등 습관을 가진 사람들에게서 자신의 모습이 지금과는 다르기를 바라는 성향이 특히 두드러진다. 자신의 바람이 현실과 맞지 않을 때 우리는 좌절감과 실망감, 분노와 슬픔을 느끼게 된다.

물론 상황이 현재와 다르기를 바라는 것은 인간의 본성이며 방향만 잘 잡는다면 긍정적인 변화가 뒤따를 수도 있다. 하지만 이런 바람은 걸림돌이 될 때가 많다.

문제를 해결하려고 노력하는 대신 그것이 사라지기만을 바란다면 상황은 계속 악화될 뿐이다.

그저 내가 원한다는 이유만으로 상대가 바뀌기를 기대한 탓에 오히려 그를 자극하게 되는 경우가 많다. 이런 일이 벌어지는 이유 중 하나로 심리학자들이 자기 위협self-threat이라 부르는 현상을 꼽을 수 있다. 인간은 누구나 본능적으로 자신을 긍정적으로 바라보고 싶어 한다. 따라서 이런 관점에 맞지 않는 정보가 주어지면 위협을 느끼고, 그 결과 정보를 외면하거나 거부하고 방어하며 심지어 공격적인 태도를 보이기도 한다. 다른 사람의 변화를 바라는 마음이 그 사람이 자신에 대해 가진 긍정적인 관점을 위협할 수도 있다. 이런 상황이 되면 상대는 의견을 고치기 더욱 꺼려하고 심하면 화를 낼 수도 있다.

자신이 실제 모습과 다르기를 바라는 마음 또한 진짜 변화를 만들어내는 데 도움이 되지 않는다.

브리지워터 어소시에이츠Bridgewater Associates 설립자 레이 달리오Ray Dalio는 "진실이기를 바라는 것과 실제로 진실인 것을 혼동하는 사람은 현실에 대해 왜곡된 이미지를 만들어내기 때문에 최선의 선택을 할 수 없다"[7]라고 말했다.

무언가를 바라는 마음과 그런 바람에 대처하는 방법에 관해서는 8장에서 살펴보며 현실을 평가하고 참작하는 방법을 익힐 것이다. 우선 잠깐 멈춰서 지금까지 우리가 무엇을 알아냈는지 곰곰이 생각해보자.

이제 시작하자.

먼저 심호흡한다.

숨을 들이마실 때 몸속으로 들어오고 내쉴 때 밖으로 빠져나가는 공기의 흐름에 주의를 기울여본다.

몇 차례가 됐든 원하는 만큼 충분히 호흡하면 된다.

준비가 끝났으면 다음 질문에 답해보자.

▶ 당신의 주요 갈등 습관을 어떻게 묘사할 수 있는가?

▶ 머리말 마지막 부분에서 당신이 떠올린 상황을 생각해보자. 그 상황에 등장하는 다른 사람이나 다른 그룹의 주요 갈등 습관은 무엇인가?

▶ 그 사람 혹은 그 그룹의 갈등 습관이 당신의 갈등 습관과 맞물려 특정한 패턴을 만들어냈는가? 만약 그렇다면 어떤 패턴이 만들어졌는가?

무엇을 발견했든 지금 상태 그대로 내버려둘 수 있을지 생각해보자. 아직은 바꾸거나 특별히 조처할 필요 없다.

그저 관심을 가지기만 하면 된다.

요약

▶ 우리는 네 가지 갈등 습관(타인을 비난하는 습관, 회피하는 습관, 자신을 비판하는 습관, 끈질기게 협력을 추구하는 습관)을 활용해 반복적인 갈등을 해결하려고 노력하지만 대부분 실패한다.

▶ 각 갈등 습관은 나머지 세 갈등 습관이나 같은 갈등 습관과 상호 작용해 갈등 패턴을 만들어내며, 이런 갈등 패턴 때문에 우리는 갈등고리에서 빠져나오지 못한다.

▶ 갈등에서 벗어나기 위한 첫 번째 훈련은 주요 갈등 습관이 무엇인지 찾아내고 자신의 갈등 습관이 어떤 갈등 패턴을 만드는지 알아내는 것이다.

응용 훈련

갈등 습관과 갈등 패턴에 주목하라[8]

습관을 찾아내라

다음 중 당신의 주요 갈등 습관은 무엇인가?

▶ 타인 비난

▶ 회피

▶ 자아비판

▶ 끈질긴 협력 추구

패턴을 찾아내라

가장 흔히 나타나는 갈등 패턴 다섯 가지 중 당신의 인간관계에
서 보이는 패턴은 무엇인가?

▶ 비난 - 자아비판 패턴

▶ 비난 - 회피 패턴

▶ 끈질긴 협력 추구 - 회피 패턴

▶ 회피 - 회피 패턴

▶ 비난 - 비난 패턴

주목하라

당신이 찾아낸 갈등 습관과 갈등 패턴에 주목하기만 하면 된다.
아직까지는 변화를 추구하거나 달리 손쓸 필요가 없다.

Breaking the Conflict Pattern

2부

갈등 패턴
파괴하기

2장

갈등을
지도화하라

> 복잡성의 이쪽에 있는 단순성을 위해서는 그 무엇도 줄 생각
> 이 없다. 하지만 복잡성의 저쪽에 있는 단순성을 위해서는 무
> 엇이든 내어줄 수 있다.
>
> — 올리버 웬델 홈스 2세

밥이라는 고객을 처음 만났을 무렵 그는 리더십 문제로 어려움
을 겪고 있었다. 당시 그의 이야기를 들으며 나는 깊이 감명했을
뿐 아니라 크게 흥미를 느꼈다. 짙은 금발에 미소가 따뜻한 밥은
똑똑하고 사려 깊었다. 밥은 사업을 다음 단계로 끌어올리느라
고군분투하고 있었다. 팀 구성원 중 누군가와의 관계 때문에 특
히 난감해했다. 밥은 나를 만나기 전 몇 달 동안 경영 코치와 함
께 다양한 문제를 논의하던 중 코치의 소개로 나를 찾아왔다. 경
영 코치는 밥의 인간관계 문제를 돕기에는 벅차다고 느꼈고, 풀
리지 않을 듯한 문제를 해결하는 것이 나의 전문 분야라는 사실

을 잘 알고 있어 나라면 밥이 자멸하기 전에 그를 도울 수 있을 것이라 생각했다.

밥은 10년 전 맨손으로 소프트웨어 회사를 설립해 빠르게 성장시켰다. 그는 즐거운 마음으로 회사를 발전시켰으나 무언가 새로운 일을 하고 싶은 마음에 회사에서 손 뗄 방법을 고민하기 시작했다. 밥은 회사 매각 준비를 도와줄 노련한 CFO(최고 재무 책임자)를 채용했다. CFO가 가장 먼저 제안한 방안 중 하나는 설립 초창기부터 밥과 함께 회사를 성장시켜온 인물이자 회사의 영업 책임자인 샐리의 연봉을 재협상하는 일이었다. 샐리는 단순한 동료가 아니라 밥의 친구였으며, 두 사람은 항상 함께 고객을 찾아다니며 미국 전역에서 고객에게 맛있는 음식과 술을 대접하곤 했다. 이 모든 모험을 함께했기에 둘은 오랫동안 진정한 우정을 키워올 수 있었다.

CFO는 샐리가 받는 보너스가 사내 다른 경영자들에 비해서는 물론 시세보다도 훨씬 높다고 지적했다. 샐리의 업무가 지금보다 훨씬 힘들었던 시절 보너스 지급 방식을 협상한 탓에 이런 사태가 벌어졌으며 이제는 회사 평판이 매우 좋아져 샐리가 예전보다 일을 훨씬 덜 하고도 여전히 가장 많은 돈을 받아간다는 사실을 밥은 잘 알고 있었다. 회사의 재정적인 측면을 생각하면 샐리의 보수를 조정해야 마땅했다. 회사의 재무제표를 개선하기 위해서도 무엇보다 중요한 일이었다. 밥은 샐리의 보수를 조정하는 방안이 합리적이며 샐리가 팀 전체를 위해 제안을 받아들여야 한다고 여겼다. 하지만 샐리가 이 같은 방안을 달갑게 여기지 않는다는 사실을 눈치채고 밥은 이메일을 통해 말문을 열었다. 이메일로 대화를 나누면 이야기가 한결 쉽게 풀릴지도 모른다고 생각했기 때문이다. 하지만 샐리는 밥의 이메일을 무시했다. 결국 밥은 직접 대화해보기로 마음먹고 샐리를 찾아가 보수를 조정하는 방안이 기정사실인 것처럼 이야기하고 말았다. 샐리는 충격과 분노에 사로잡혀 이런 변화를 제안했다는 사실만으로 밥에게 소리를 질러대더니 상황이 과열되자 문을 박차고 나갔다. 밥이 용기 내어 이야기를 꺼낼 때마다 이런 짧은 대화가 반복되었다.

어느 날, 고객과 점심 식사를 하고 레스토랑을 나오는 길에 밥이 다시 이야기를 꺼냈다. "샐리, 자네 보수 문제를 정말 고민해봐야 해. 자네 보너스 금액이 시세보다 훨씬 높다는 걸 잘 알고 있잖나. 자네 보너스를 낮춰야만 해. 이제 정말 문제를 해결해야 해."

"말씀드렸잖아요. 그 문제에 대해서는 이야기하고 싶지 않아요. 이미 그 일로 여러 번 다퉜잖아요. 어떤 이야기든 상관없지만 그 문제만은 안 돼요. 지금은 그리고 싶지 않아요."

밥은 언성을 높였다. "샐리, 이제 억지는 좀 그만 부려. 자네 행동은 말도 안 돼. 우리는 정말……."

샐리가 밥의 말을 끊었다. "어떻게 제가 억지를 부린다고 이야기할 수 있어요? 정말 사돈 남 말 하시네요!"

두 사람은 급기야 조금 전 고객과 점심을 먹은 레스토랑에서 불과 몇 걸음 떨어진 거리 한복판에서 서로 소리를 질러대기 시작했다.

"샐리, 나한테 소리치지 마! 어디서 감히 어린애 가르치듯 소리를 질러대는 거야? 난 자네 상사라고!"

"제가 사장님을 아이 취급했다고요? 길모퉁이에서 느닷없이 제 연봉 문제를 끄집어낸 사람은 바로 사장님이에요! 저한테 소리 지르지 마세요. 이 문제를 언급하기에 적절한 시간도, 장소도 아니니까요!"

"그래, 됐어! 자네 말이 맞아. 언제나 자네 말이 옳지. 다 잊어버려. 내가 한 말 같은 건 다 잊으라고!"

밥은 이렇게 말하고서 홱 돌아서서 반대 방향으로 걸어가 샐리와 따로 사무실로 돌아갔다.

내가 밥을 만난 건 이런 일이 벌어지고 여러 달이 흐른 뒤였다. 밥은 그 후 다시는 샐리의 연봉 문제를 언급하지 못했을 뿐 아니라 거의 대화조차 하지 않았다. 모든 사업 계획이 중단될 지경이었다. 밥은 샐리를 해고하는 방안을 진지하게 고민하기 시작했다. 샐리를 내보내면 엄청난 위험이 따른다는 사실을 잘 알았다. 샐리가 회사를 나가면 그녀가 관리하는 고객들도 잃을 수

있었기 때문이다. 샐리와의 우정도 염려되었다. 밥은 샐리와의
관계가 끝나지 않기를 바랐지만 서로 다투지 않고 샐리의 연봉
문제를 논의하려면 어떻게 해야 할지 도무지 알 수 없었다. 그러
나 다행스럽게도 그 문제를 언급할 필요가 사라졌다. 적어도 당
장 이야기할 필요 없는 상황이 되었다. 그에 관해서는 뒤에서 이
야기하기로 하자.

밥이 어떻게 행동할지 생각하기도 전에 내가 서둘러 개입했
다. 나는 밥이 어떤 식으로든 대처해야 할 것만 같다는 직관에서
벗어나 가만히 관찰할 수 있도록 유도했다. 대부분 사람은 조감
도를 보듯 멀리 떨어져 상황을 살펴보는 것만으로도 패턴을 파
괴할 수 있다. 밥이 그랬듯 갈등을 없애려고 허둥대며 애쓰는 사
람이 많다. 하지만 당장 무언가를 하려 들지 않고 갈등을 차분히
들여다보기만 해도 기존의 갈등 패턴은 저절로 사라진다. 유대
인 불교도이자 베스트셀러 작가 실비아 부어스타인Sylvia Boorstein
의 해학 넘치는 책 제목이 일깨워주듯 "무언가를 하려 들지 말
고 가만있으면 된다."

가만히 관찰하면 대체로 상황이 생각보다 더욱 복잡하다는
사실을 깨닫게 된다.

단순한 상황에서 복잡한 상황으로

갈등은 대부분 한 가지가 아니라 여러 요인으로 발생하지만 우리는 훨씬 단순한 방식으로 상황을 바라보곤 한다. 이처럼 편협하게 '우리 대 그들'의 문제로 상황을 단순화하는 성향은 위험이 닥쳤을 때 당면한 상황에 주의를 집중시키는 투쟁 – 도피 본능에서 비롯되었다. 가령 호랑이의 공격을 받으면 호랑이에게 모든 관심을 집중할 수밖에 없다. 상황이 아무리 복잡하더라도 재빨리 판단하고 필요한 행동을 신속히 취하게 된다.

샐리와의 상황을 내게 처음 이야기하는 자리에서 밥은 길모퉁이에서 벌어졌던 샐리와의 말싸움을 가장 먼저 언급했다. 그는 자신과 샐리 외에는 다른 누구에 관해서도 말하지 않았다.

많은 사람이 갈등 상황을 이런 식으로 묘사한다. 다시 머리말 마지막 부분으로 돌아가보자. 그 대목에서 당신이 선택한 갈등 상황에 누가 개입되어 있는지 물었다. 자, 당신은 그 질문에 뭐라고 답했는가? 두어 사람 혹은 두어 그룹의 이름만 적었는가? 만약 그렇다면 복잡한 상황을 가장 단순한 방식으로 요약하려는 인간 본성이 작용했을 가능성이 크다.

바로 이런 이유로 정반대의 방법이 엄청난 위력을 발휘할 수도 있다.

한 걸음 물러나 넓은 시야로 바라보면 이전에는 흑백으로 느껐던 상황을 더욱 복잡하고 미묘하게 받아들일 수 있다. 그러면 존재하는지도 몰랐던 변화의 지렛대를 찾아내 단순한 시각으로 바라볼 때와는 다른 방식으로 갈등에 접근할 수 있다. 시야를 넓히는 데 가장 도움이 되는 한 가지 방법[1]이 갈등을 지도화하는 것이다.

내게 갈등 지도화 기법을 가장 먼저 가르쳐주신 분이 바로 컬럼비아 대학교 모튼 도이치 협력 및 갈등 해결 국제센터 센터장이자 동 대학 지구 연구소Earth Institute 협력, 갈등, 복잡성 선진 컨소시엄Advanced Consortium on Cooperation, Conflict, and Complexity 설립자이며 나의 지도교수였던 피터 T. 콜먼 박사이다. 2장에서 소개할 훈련 방법은 교수님의 갈등 및 역학 시스템에 관한 연구[2]를 토대로 한다.

밥과 함께 지도화 작업을 진행하면서 밥에게 당면한 갈등 상황과 관련 있을 수 있는 사람, 그룹, 그 외 요인을 되도록 많이 찾아낸 다음 각 요인을 나타내는 원을 그려보라고 안내했다. 관련 인물이나 요인이 과거에 존재했든 현재에 존재하든 미래에 존재할 가능성이 있든, 상대를 잘 알든 그렇지 않든, 각 요인이 영향을 미쳤는지 그렇지 않은지 확실하든 그렇지 않든 떠오르는 모든 사람과 요인을 지도에 표시하라고 요청했다. 이 단계를 진행할 때는 갈등에 영향을 미칠 가능성이 있는 것이라면 무엇이든 찾아내는 것이 좋다.

지도화 작업을 할 때 각 원이 한 사람이나 두 사람, 한 그룹, 팀 혹은 조직 전체를 대변하도록 표시하고 어떤 원이 다른 원에 속하는지 표현하라고 밥에게 제안했다. 밥은 '경영팀'이라는 커다란 원 속에 자신을 나타내는 작은 원을 그리고 '영업팀'이라는 커다란 원 속에 샐리를 나타내는 작은 원을 그려 넣었다.

그러고 네 개의 원을 모두 아우를 만큼 크게 '조직'이라는 원을 그렸다. 한 회사 안의 두 팀에 자신과 샐리가 각각 속해 있는 모습을 나타냈다. 그런 다음 절반은 '조직' 원 안에 있고 나머지 절반은 원 밖에 있는 '벤처 캐피털리스트' 원을 그렸다. 이는 곧 벤처 캐피털리스트들이 밥의 회사라는 조직에 영향력을 미칠 뿐 아니라 밥의 회사 밖에서도 다양한 역할을 맡고 있다는 의미였다.

밥은 어떤 요인이 자신과 샐리의 상호작용 방식에 영향을 미쳤는지 곰곰이 생각하다 두 사람의 배경에 주목했다. 그는 자신과 샐리가 서로 다른 환경에서 자랐으며, 둘 다 각자의 원가족에게서 영향받았다는 사실을 깨달았다. 밥은 샐리와 10년 넘게 우정을 쌓으면서 샐리의 어린 시절에 관해 이야기를 많이 들었다. 심지어 샐리를 찾아온 그녀의 아버지와 한두 번 직접 만나기도 했다.

물론 당신과 갈등을 빚고 있는 사람이 어떤 배경을 지녔는지 모를 수도 있다. 반드시 알아야 하는 것도 아니다. 하지만 당신은 생각보다 그들에 대해 많은 것을 알고 있을지도 모른다. 잠깐 멈춰서 그들에 대해 무엇을 알고 있는지 생각해보면 도움이 될 수 있다. 그들에게서 성장 배경에 관해 어떤 이야기를 들었는가? 부모에 관해 들어본 적 있는가? 형제에 관한 이야기는 어떤가? 교사, 멘토, 코치 등 그동안 상대의 인생에 영향을 미친 사람들에 관해 들은 적 있는가?

밥은 자신이 깨달은 내용을 바탕으로 조직을 니타내는 원 바깥에 사신과 샐리의 배경과 가족을 뜻하는 원을 하나씩 그려 조직에 영향을 미치긴 하지만 조직 구조 밖에 존재하는 요인을 표현했다. 또한 각 원 사이에 선을 그어 원이 서로 어떻게 연결되어 있는지 나타내고, 선마다 화살표를 추가해 등장인물과 요인들이 서로 어떤 방향으로 영향을 미치는지 표현했다. 자신과 샐리를 나타내는 두 원 사이에는 선을 두 줄 그어 두 사람의 강한 유대감을 나타냈다. 그리고 벤처 캐피털리스트들과 CFO를 의미하는 원에서 자신을 나타내는 원 쪽으로 화살표를 그려 샐리의 연봉을 낮춰야 한다는 압박감을 표현했다. 자신과 샐리를 잇는 선에는 X를 표시해 두 사람의 갈등을 상징했으며, 샐리와 가족을 잇는 선에는 하트를 그려 넣었다. 샐리가 자신의 가족과 성장 배경에 깊이 애정을 느낀다고 생각했기 때문이다.

갈등을 지도로 표현해보니 밥은 상황을 더욱 복합적으로 바라보게 되었다. 이제 밥은 샐리와의 갈등 상황이 비단 두 사람만의 문제가 아니며 경영팀, 그중에서도 특히 샐리의 연봉을 재협상해야 한다고 권고한 CFO나 벤처 캐피털리스트와 관련 있다는 사실을 깨달았다. 간접적으로는 영업팀을 비롯한 회사의 모든 임직원 역시 갈등 상황과 관련이 있었다. 회사에 최대 이익을 안겨주는 강하고 공정한 리더 역할을 해야 했기 때문이다. 밥과 샐리의 배경 역시 갈등 상황과 관련 있었다. 살면서 겪은 일들이 보상과 리더십에 관한 두 사람의 생각에 영향을 미쳤기 때문이다.

가망 없을 듯한 상황을 해결할 방법을 찾으려면 흑백처럼 보

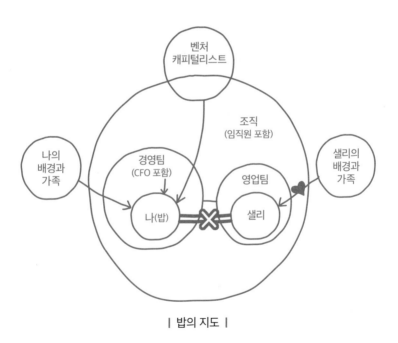

| 밥의 지도 |

이는 상황을 좀더 복합적인 시선으로 바라보는 일이 무엇보다 중요하다. 상황을 복합적으로 바라보면 변화를 가능하게 하는 새로운 지렛대를 발견할 수 있다.

물론 시간이 흐른 뒤 상황을 다시 단순하게 바라볼 수도 있다. 하지만 숙고하기 시작하는 단계에서는 상황을 복합적인 측면에서 바라봐야 한다.

불분명한 상태에서 명확한 상태로

밥의 경우처럼 상황을 지도로 표현했을 때 얻을 수 있는 주된 장점이 시야 확대인 경우도 있다. 이와 반대로 지도화 과정을 통해 상황을 바라보는 관점이 명확해지고 심지어 확고해질 때도 있다. 지도화 작업에 돌입한 뒤 관련된 인물이 아찔할 정도로 많다는 사실을 발견하고, 그동안 갈등을 해결하기가 그토록 힘들었던 이유 중 하나가 상황 자체가 거대하고 처리하기 힘들 정도로 엉망이었기 때문이라는 사실을 깨닫기도 한다.

이런 경우에는 지도화가 갈등 상황과 관련 있는 가장 중요한 인물이나 그룹, 문제를 찾아내는 데 도움이 될 수 있다. 그게 아니라면 훨씬 복잡한 상황의 한 측면에 집중하는 데 도움이 될 수도 있다. 충분히 고민한 끝에 어디에 관심을 쏟아야 할지 결정할 수 있게 된다.

상황이 극도로 복잡하게 느껴진다면 먼저 '핫스팟'hot spot이
어디인지 자신에게 물어보자. 가장 직접적으로 갈등과 관련된 인
물은 누구인가? 어떤 문제가 제일 골치 아픈가? 그런 다음 변화
에 가장 도움이 되는 지렛대를 어디에서 찾을 수 있을지 자문해
보자. 타고난 성격이 그렇든, 훈련을 통해 그렇게 되었든, 역할
이 그렇든 이성적이거나 도움이 되는 목소리를 낼 가능성이 있
는 인물은 누구인가? 이런 과정을 통해 문제의 근원과 가장 가
까운 인물과 역학 관계를 더 나은 쪽으로 끌고 갈 수 있는 인물
에게 초점을 맞출 수 있다.

헤아릴 수 없을 정도로 핫스팟이 많은 상황과 마주하고 있다
면 자신의 이익이나 욕구를 기준으로 상황과 관련된 여러 측면
중 어떤 부분을 가장 먼저 해결하고 싶은지 자신에게 물어보자.
예컨대 여러 나라가 얽힌 복잡한 갈등 상황에 직면했다면 해당
상황과 관련된 관점 한두 개를 대변하는 시민들, 좀더 다양한 관
점을 대변하는 시민들, 시민운동 지도부, 정부 관료 등과 함께
문제를 해결하기 위해 노력할지, 아니면 평화를 유지하려 애쓰
는 글로벌 비정부 기구 직원들과 협력할지 결정해야 할 수 있다.
이런 상황이라면 중재 가능성이 무한하게 느껴지기도 한다. 지
도화는 중요한 부분에 집중하는 데 도움이 되는 효과적인 도구
가 될 수 있다.

마지막으로 지도화 작업은 갈등 상황 안에서 자신이 어떤 역할을 했는지 정의하는 데 도움이 된다. '나는 이 갈등의 일부인가, 아니면 다른 누군가의 갈등을 지켜보는 중립적인 관찰자인가?'라고 자문해볼 필요가 있다. 이 질문이 조금도 적절하게 느껴지지 않을 정도로 상황이 복잡하다면 지금까지 갈등 상황에 직접 개입하는 당사자와 중립적인 관찰자, 두 가지 역할을 모두 해왔거나 앞으로 그렇게 될 수 있다.

예를 들어 가족 문제로 힘들어하던 학생 대부분이 부모가 반복해서 갈등을 겪는 동안 자신이 중재자 역할을 해왔다고 생각했지만 실제로는 가족관계 때문에 자신 역시 갈등과 직접적으로 관련되어 있었다는 사실을 깨달았다. 반대로 가족 간의 갈등에 직접 개입되어 있다고 생각했으나 사실 갈등 해결에 도움이 되는 유익한 중재자 역할을 해왔으며 앞으로도 그럴 수 있다고 불현듯 깨닫는 경우도 있었다. 그동안 가족 안에서 중재자 역할을 해왔지만 자신의 역할이 그다지 바람직하지 않았다는 사실을 확인하고 역할을 줄이기로 마음먹는 일도 있었다.

갈등 상황에 직접 개입해 그 속에서 중립적인 역할을 했을 때 어떤 결과가 나타나는지 잘 알고 있어야 한다. 자신에게 이렇게 물어보자. "나는 어떻게 이 상황에 끼어들게 되었는가? 나는 어떻게 중립적인 역할을 해왔는가? 앞으로 둘 중 하나 혹은 두 역할을 모두 해내는 내 모습을 상상할 수 있는가? 만약 그렇다면 상상 속에서 나는 어떤 역할을 하는가? 그 역할을 한다면 어떤 일이 벌어질까?" 3부에서 이 문제에 대해 고민할 기회가 훨씬 많겠지만 지금부터 문제의 답을 생각해보면 도움이 될 듯하다.

지도화 과정을 시작한 이매뉴얼이라는 학생은 '어리둥절해서 어쩔 줄 모른다'라는 표현이 꼭 어울리는 상태에 빠졌다. 총 3대에 걸쳐 수십 명에 달하는 그의 친척들은 미국과 아이티 곳곳에 흩어져 살고 있었다. 그들의 이름을 모두 적어야 한다는 사실이 그에게는 매우 부담스러웠다.

모든 사람을 따로 그리지 않고 여러 가족 구성원으로 이뤄진 몇몇 그룹을 원으로 표현해도 된다고 이야기하자 이매뉴얼은 여러 사람을 하나의 그룹으로 묶어보기로 했다. 몇 번의 시도가 좌절되고 이매뉴얼은 결국 그동안 알아채지 못한 사실을 깨달았다. 용기를 내어(혹은 이매뉴얼의 표현대로 '배짱 좋게도') 자신을 그림의 중심에 두자 모든 것이 딱 맞아떨어지기 시작했다. 이매뉴얼은 부모, 조부모, 그 외의 집안 어른들, 사촌들과 자신의 관계를 나타내는 선을 그렸다.

이매뉴얼은 미국과 아이티도 지도에 나타내기로 마음먹었다. 두 나라를 지도에 표시하자 미국에서의 현대적인 삶과 아이티에서의 전통적인 삶을 모두 아끼는 마음에서 비롯한 내적 갈등을 깨닫는 데 도움이 되었다. 이매뉴얼은 미국 여성과 결혼을 약속하고 보스턴에서 공부를 끝낸 뒤 심리학자가 되려고 계획했다. 미국에 남기로 굳게 마음먹은 셈이었다. 하지만 아이티에서의 전통적인 삶에도 영적인 유대감을 느꼈고, 그의 가족들 역시 그가 아이티에서 전통적으로 살기를 바랐다. 사실 그는 아이티

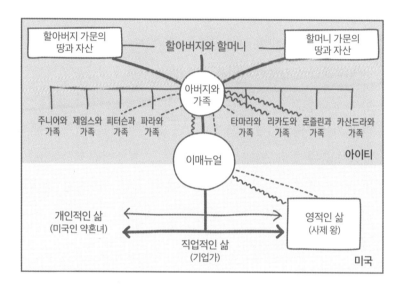

| 이매뉴얼의 지도와 핵심 요인 |

공동체에서 할머니를 뒤이을 인물로 여겨졌다.

지도의 이야기에 관심을 기울여라

일단 지도를 그렸다면 이제 멈춰서 관찰해야 한다. 완성된 지도를 바라보는 순간 이매뉴얼은 불과 몇 분 전까지 자신을 압도했던 상황을 분명히 이해하게 되었다. 이매뉴얼은 아이티 전통에 따라 가문에서 영적인 지도자를 맡고 있는 할머니의 지위를 계승해야 하는 입장이었다. 그의 부모 역시 그에게 어떤 역할이 요구되는지 잘 알고 있었다. 하지만 후계자 자리를 차지하고 싶어 하는 일부 친척의 야망 때문에 친척들, 특히 몇몇 숙부, 숙모, 사촌과 관계가 좋지 않았다.

이매뉴얼은 자신이 가문의 영적 지도자가 되는 영광을 누릴 서열 1위의 후계자라는 현실을 받아들였지만 한편으로는 그같이 막대한 책임을 져야 한다는 사실이 두렵기도 했다.

이매뉴얼은 할머니의 후계자가 되기를 주저하는 자신의 태도가 다른 친척들과의 관계에서 갈등을 빚은 한 가지 원인이라는 사실을 깨달았다. 이매뉴얼이 할머니를 뒤이어야 한다는 사실을 받아들이려고 애쓰는 동안 그의 친척들은 직접 후계자가 되기 위해 갖은 노력을 기울였다. 이매뉴얼이 신체적·영적으로 안

전하지 못할까 봐 쉽사리 행동하지 못하고 주저한 탓에 이런 갈등이 발생할 여지가 생겨났다. 이 같은 사실을 이해하니 순간 갈등 해결에 도움이 되는 방법이 떠올랐다. 친척들 간의 갈등 역학에 자신이 어떤 영향을 미쳤는지 깨닫자 이매뉴얼에게는 자신의 의도를 명확하게 밝히고, 그렇게 함으로써 지금껏 자신이 통제할 수 없었던 상황을 개선할 힘이 생겼다.

다시 밥의 이야기로 돌아가 밥이 무엇을 알아냈는지 살펴보자. 자신이 그린 지도를 살펴보던 밥은 벤처 캐피털리스트들과 CFO의 압력 때문에 자신이 그들과 샐리 사이에서 이러지도 저러지도 못하는 듯한 기분에 사로잡혔다는 사실을 깨달았다. 샐리의 친구로서 상황을 바라보면 모든 것을 지나치게 꼼꼼히 파헤치고 비즈니스를 최우선시하는 그들의 태도로부터 샐리를 보호하고 싶었다. 하지만 급여 문제에 관해서는 대화조차 하지 않으려는 샐리의 태도를 생각하면 존중받지 못하고 그저 밀쳐지는 기분이 들어 굳이 그녀를 돕고 싶지 않았다.

샐리와의 갈등을 둘러싼 복잡하고 미묘한 상황을 이해하자 밥은 샐리의 입장에 공감할 수 있었다. 샐리와 자신이 수많은 요소가 작용하는 더 커다란 시스템의 일부라는 사실을 깨달았다. 새로운 관점으로 상황을 바라보자 이토록 다양한 요인이 갈등에 영향을 미치는데 오직 샐리만 비난한다는 점이 양심에 걸렸다.

지도를 그려보자 샐리의 성장 환경이 지금의 그녀에게 영향을 미쳤을지도 모른다는 사실이 한층 분명해졌다. 밥은 오래전부터 샐리가 넉넉하지 않은 가정에서 자랐다는 사실을 알았다. 하지만 더는 그럴 이유가 없는데도 샐리가 여유롭게 살 수 없을까 봐 여전히 두려워하고 있을지도 모른다는 사실을 갈등을 지도화하기 전까지는 미처 깨닫지 못했다. 샐리가 실제로 가난을 두려워하는지 확실하지는 않았지만 그럴 수도 있을 것 같았다. 밥은 샐리가 금전적으로 기댈 가족이 없는 미혼 여성이라는 사실을 떠올렸다. 샐리 역시 자신에게 재정적인 문제가 생기면 그 누구에게서도 도움받을 수 없으리라는 사실을 잘 알고 있을 터였다. 밥은 어쩌면 자신이 처음 생각한 것보다 샐리가 느끼는 재정 상태에 대한 압박감이 훨씬 클 수도 있다는 사실을 이해했다. 물론 샐리의 행동은 여전히 짜증스러웠지만 적어도 샐리가 왜 그렇게 행동하는지 깨달았고, 행동의 근본적인 이유를 헤아리자 샐리 입장에 더욱 공감하게 되었다.

마지막으로 밥은 자신이 자라온 배경 역시 리더십에 대한 생각에 영향을 미쳤다는 사실을 발견했다. 그의 아버지와 형은 둘 다 기업가였고, 위험을 감수하고 기술을 향한 열정을 좇으라고 밥이 어릴 때부터 격려했다. 밥은 아버지와 형의 뜻을 받아들여 대학 때 친구들과 작은 애자일 소프트웨어 회사를 공동 설립했고, 동업자 친구들과 공동 주택에 살면서 회사를 경영했다. 밥과 친구들이 마련한 유연한 공간 전체, 특히 회사와 공동 주택은 협력 정신이 넘치기로 잘 알려져 있었고, 그곳에서는 그 정신이 소중하게 여겨졌다. 그로부터 많은 세월이 흘렀지만 밥은 여전히 CEO로서 홀로 의사결정을 내리는 일이 편안하지 않았다. 물론 엄밀히 따지면 밥은 샐리의 연봉을 조정할 수 있었다. 하지만 그런 식으로 권한을 행사하는 일이 바람직하지 않게 느껴져 샐리의 연봉을 조정해야 할시, 조정한다면 이떻게 조성할지 쉽사리 결정하지 못했다. 밥은 의사를 확실히 결정하지 못하는 자신의 태도 역시 갈등 상황에 영향을 미쳤을지 모른다는 점을 어렵게 인정하게 되었다.

밥은 샐리와의 문제가 '그저 그렇게 생겨난 것'이 아니라는 사실을 깨닫기 시작했다. 자신이 샐리와의 갈등에 보탠 일들을 책임질 수 있게 되었다. 처음 생각한 것보다 자신에게 상황을 바꿀 수 있는 더 커다란 힘이 있다는 사실을 깨달았다. 밥은 자신을 되돌아보고 행동을 어떻게 바꾸면 원하는 결과를 얻을 수 있을지 고민하기 시작했다.

상황을 지도화하라

이 책이 끝날 때까지 밥과 샐리의 상황이 어떻게 진행되었는지 계속 살펴볼 것이다. 지금은 직접 갈등 지도를 만들어볼 때이다. 머리말에서 찾아낸 자신의 갈등 상황과 관련된 인물이나 그룹의 이름을 커다란 백지 한가운데에 적어보자.

이제 지도에 관련 인물과 장소, 사건, 생각 그리고 이외 요인을 되도록 많이 추가한다. 지금껏 확실하게 갈등 상황과 관련 있다고 여겨지지 않은 인물, 장소, 사건, 생각 그리고 이외 요인들에 특히 관심을 기울여야 한다. 과거에서 비롯되었지만 현재에 영향을 미치는 요인일 수도 있고 앞으로 상황에 영향을 미치리라 예상되는 요인일 수도 있다.

그런 다음 원과 선을 이용해 각 요인이 어떻게 연결되어 있는지 나타내보자.

미처 깨닫지 못했지만 실제로는 관련 있는 새로운 인물이나 갈등 상황과 관련된 새로운 측면을 적어도 하나 이상 지도에 추가해야 한다. 상황을 더 잘 이해하는 데 도움이 될 만한 것이라면 무엇이든 지도에 그리거나 적어보자. 예를 들어 두꺼운 화살표로 압력이나 영향력 행사를 상징하거나 단순히 강한 관계를 나타낸다. 각기 다른 색깔을 이용해 여러 인물이나 그룹에 대한 감정을 표현한다. 인물, 장소, 사건, 생각 그리고 이외 요인들이 자신에게 갖는 의미를 각 원에 다양한 형태나 색깔, 그림, 단어로 표시한다. 여러 원을 잇는 선 위에 기호나 이미지를 그려 넣어 인간관계의 질을 표현할 수도 있다.

지도를 그릴 때 창의성을 발휘하면 좋다. 지도가 들려주는 이야기는 지금껏 자신이 해왔던 이야기와 달라야 한다. 지도가 엉망이라고 걱정할 필요는 없다. 엉망진창 같은 지도가 우리가 겪고 있는 상황을 둘러싼 현실을 정확하게 반영했을 수도 있다. 그런 상황을 적어내려가면 도움이 될 수 있다.

이제 지도를 한번 살펴보자. 지도에는 어떤 이야기가 담겨 있는가? 지도가 들려주는 이야기가 머리말 끝부분에서 당신이 맨 처음 묘사했던 갈등 상황과 다른가? 만약 그렇다면 어떻게 다른가?

상황을 지도화하는 과정이 새로운 통찰력을 얻는 데 도움이 되었기를 바란다. 적어도 갈등고리에 작은 틈새라도 하나 만들 수 있을 정도의 통찰력이 생겼기를 바란다. 다음 장에서는 이 장에서 익힌 내용을 토대로 나 자신과 타인의 감정이 갈등 상황에 어떤 영향을 미치는지, 감정을 활용해 어떻게 갈등고리를 계속 파괴해나갈 수 있을지 살펴본다.

요약

▶ 갈등은 대부분 한 가지 요인으로 유발되지 않는다. 하지만 우리는 상황을 훨씬 단순하게 바라보는 경향이 있다. 투쟁-도

피 상황에서는 이런 성향이 도움 될 수도 있지만 반복적으로 발생하는 갈등의 원인을 이해하려고 할 때는 도움이 되지 않는다.

▶ 한 걸음 뒤로 물러나 넓은 시야로 상황을 바라보면 이전에는 흑백처럼 보였던 상황을 둘러싼 복잡하고 미묘한 부분들을 이해하게 된다. 그러면 과거에는 볼 수 없었던 변화의 지렛대를 찾아내고 단순한 방식으로 상황을 바라볼 때와는 다른 갈등 상황 접근 방법을 개발할 수 있다.

▶ 시야를 넓히는 데 가장 도움이 되는 한 가지 방법은 갈등을 지도화하는 것이다. 갈등을 지도화했다면 멈춰서 지도를 관찰하고, 그 지도가 어떤 이야기를 들려주는지 들여다보자.

▶ 갈등 지도화를 통해 상황을 바라보는 시야가 확대될 때도 있다. 때로는 정반대 효과가 나타나기도 한다. 지도화를 통해 관점이 명확해지고, 심지어 확고해지기도 한다.

| 응용 훈련 |

갈등을 지도화하라[3]

▶ 스케치하라. 머리말 후반부에서 찾아낸 상황과 관련된 인물이나 그룹의 이름을 백지에 적어보자. 이름 주위에 원을 그린 다

음 각 인물이나 그룹이 어떻게 연결되어 있는지 선을 그어보자.

▶ 추가하라. 지도에 인물, 장소, 사건, 생각 그리고 이외 요인을 되도록 많이 추가하라. 이런 요인은 과거에서 비롯되었거나 현재와 관련되었을 수 있다. 혹은 앞으로 갈등 상황에 영향을 미치거나 갈등 상황으로부터 영향받을 듯한 요인일 수도 있다. 지금껏 관련 있을 것이라 생각지 못한 새로운 인물이나 갈등 상황을 둘러싼 새로운 측면을 적어도 하나 이상 지도에 표기헤이 한다.

▶ 창의성을 발휘하라. 상황을 더 잘 이해하는 데 도움이 되는 것이라면 무엇이든 지도에 그리거나 적어 넣어야 한다. 지도가 들려주는 이야기는 지금껏 당신이 해왔던 갈등 상황에 대한 이야기와 달라야 한다.

▶ 관찰하라. 지도를 바라보자. 지도가 어떤 이야기를 들려주는가? 그 이야기가 머리말 끝부분에서 당신이 묘사한 갈등에 관한 이야기와 다른가? 지도를 그리기 전에는 미처 알아차리지 못한 어떤 새로운 모습을 발견했는가?

3장

감정을
활용하라

우리의 감정은 지식으로 이어지는 가장 진실한 길이다.

— 오드리 로드

애니메이션 〈인사이드 아웃〉Inside Out에서 새로운 학교로 전학한 열한 살 소녀 라일리 앤더슨은 새 친구를 사귀는 문제로 신경을 곤두세운다. 영화는 기쁨, 버럭, 소심, 슬픔, 까칠으로 의인화된 라일리의 감정들이 어떻게 힘을 모아 라일리가 이사와 전학이 라는 엄청난 변화를 잘 헤쳐나가도록 돕는지 보여준다.

〈인사이드 아웃〉제작자들은 이런 감정을 정확하게 선택하고 묘사하기 위해 저명한 심리학자 폴 에크만Paul Ekman 박사에게 조언을 구했다.[1] 에크만 박사는 1960년대 말 파푸아뉴기니에서 감정을 연구하기 시작했으며 이후 50년 동안 전 세계로 연구를 확대해나갔다. 에크만은 획기적인 연구[2]를 통해 국적, 민족, 인종, 종교, 성별, 나이 등 문화적·생물학적 차이와 상관없이 모든 사람이 기쁨, 분노(버럭), 두려움(소심), 슬픔, 혐오감(까칠)이라는 다섯 가지 감정을 공통적으로 지녔다는 사실을 발견했다. 최근 감정 연구가들을 대상으로 실시된 대규모 설문조사 결과[3] 많은 전문가가 이 같은 다섯 가지 감정이 보편적이라고 생각한다는 사실이 밝혀졌다.

물론 각 감정과 관련된 상태와 강도는 다양하다. 엄마와 통화할 때마다 성가시고 짜증스러운 마음 상태가 얼마나 쉽게 격노로 바뀌는지 놀라울 정도였다. 하지만 두 감정 모두 분노라는 하나의 연속체상에 놓여 있다는 사실을 떠올리면 이 상황을 훨씬 쉽게 이해할 수 있다. 나는 엄마의 전화를 받는 순간 짜증이 났고, 2주 동안 전화하지 않았다고 비난하는 말을 들으면 발끈했다. 그러다 너무 바빠 통화할 시간이 없다고 답하면 엄마는 내가 거짓말이라도 하는 것처럼 굴었고 엄마의 그런 태도는 나를 격분하게 만들었다. 엄마는 "나를 바보 취급하는 거야? 친구랑 통화할 시간은 있잖아!"라며 소리를 질러댔다.

분노가 짜증에서 시작해 격분으로 이어지듯 슬픔은 실망에서 괴로움으로, 두려움은 당황스러움에서 노골적인 공포로, 혐오감은 반감에서 증오로 이어지며, 기쁨은 만족감과 황홀감을 아우른다. 게다가 우리는 감정을 한 번에 하나 이상 느낄 수 있다. 언뜻 단순해 보이는 다섯 가지 감정[4]을 토대로 하는 다양한 느낌과 표현이 서로 뒤엉켜 인간을 놀라울 정도로 복잡하게 만드는 다채로운 태피스트리가 생겨난다.

공감에서 자기인식으로

대니얼 골먼Daniel Goleman이 심리학 전문가들에게 감성 지능 emotional intelligence의 중요성[5]을 일깨운 이후, 그 같은 깨달음에 발맞추어 시대 정신이 바뀌었다. 타인의 감정 상태에 공감하고 민감하게 반응하는 능력은 이제 바람직하게도 매우 중요한 비즈니스 기술로 칭송받으며, 적극적인 경청active listening은 제대로 공감하고 반응하기 위해 반드시 필요한 기술로 여겨진다.

하지만 이 장에서는 다른 사람의 감정을 이해할 방법을 찾는 대신 자신의 감정을 경험하고 표현하는 방법을 집중적으로 살펴볼 것이다. 여러 감정 중에서도 특히 갈등고리를 영속시키는 데무엇보다 중요한 역할을 하는 분노에 초점을 맞춘다.

다른 사람의 감정이 문제라고 느낄 때가 많은데 왜 자신의 감정을 돌아봐야 하는지 궁금할 수도 있다. 아마도 최근 몇 년 동안 공감 능력을 지나치게 강조한 사회 분위기 때문에 이런 결과가 나타난 듯하지만 내게 컨설팅받은 사람 중에는 타인의 감정 상태에 맞추려고 너무 열심히 노력한 탓에 자신의 감정 상태를 외면하게 된 사람이 많았다. 여기에서 문제는 타인의 감정 경험을 이해하려면 먼저 자신의 감정 경험을 인정하고 이해해야 한다는 것이다. 이 과정을 거치지 않으면 자신의 감정을 타인에게 투사project하거나 타인의 감정을 마치 자신의 감정인 양 받아들이게 될 수도 있다. 이런 태도는 자신의 감정을 타인에게 투사하는 일 못지않게 문제가 많다. 둘 중 어느 쪽이든 진정하게 도움이 되는 방식으로 다른 사람에게 반응하기 힘들다.

또 감정이 격해진 순간에는 그렇게 느껴지지 않을 수도 있지만 우리는 타인의 감정 경험과 표현보다는 자신의 감정 표현과 경험에 훨씬 크게 영향력을 미친다. 다른 누군가를 변화시키려고 애쓰기보다 자신의 감정을 잘 활용하면 까다로운 감정의 역학에서 벗어나는 가장 효과적인 방법을 찾아낼 수 있다.

감정을 억누르거나 없애고 그런 감정을 갖게 된 이유를 하나하나 따져봐야만 감정을 잘 활용할 수 있다는 뜻이 아니다. 그보다는 자신의 감정이 무엇인지 파악하고, 그 감정을 인정한 뒤 패턴을 파괴하는 건설적인 행동을 위한 촉매제로 활용해야 한다.

최적의 결과 기법을 통해 배울 여러 방법 중 이것이 가장 중요하다. 건설적인 변화를 위해 감정을 활용하는 방법을 배우지 못하면 결코 갈등고리에서 벗어날 수 없다.

감정을 만드는 요소

내가 어릴 때 아빠의 별명은 '빵빵 행크'였다. 근처에 있는 다른 운전자들에게 길을 비키라며 툭하면 경적을 울려댔기 때문이다. 아빠의 피를 물려받은 데다 뒷좌석에 앉아 이런 행동을 지켜보며 자란 탓에 나도 분노를 쉽게 느끼는 편이다. 고속도로에서 누군가가 내 앞에 끼어들면 피가 거꾸로 솟는 듯하고 심장 박동이 빨라지며 판단력이 흐려진다. 본능에 따라 반응하기 전에 잠깐 멈춰 생각하지 않으면 틀림없이 아빠처럼 경적을 울려댈 것이다.

생물학적인 요소가 우리의 감정 경험과 표현에 영향을 미치는 것은 분명한 사실이다. 하지만 우리가 받아들이는 감정 경험과 표현 방식에 관한 메시지 역시 중요한 역할을 한다. 예컨대 인격 형성기를 거치는 동안 우리는 가족 구성원, 교사, 공동체 지도자 같은 문화권 내 역할 모델을 비롯한 다른 사람들을 관찰하면서 감정을 경험하고 표현하는 방법을 배운다. 물론 나이가 들어도 주변인들은 계속해서 우리에게 영향을 미친다. 그와 동시에 특정 교실이든 직장이든 공동체 전반적인 문화이든 상황에 따른 기대치와 규범 역시 우리에게 영향을 준다. 타고난 성격과 후천적인 환경 모두 우리가 감정을 경험하고 표현하는 방식과 관련이 깊다.

감정 경험의 강도

감정 경험은 신체적으로나 정신적으로 우리 몸을 통해 명확하게 모습을 드러내며, 그 범위는 고강도에서 저강도에 이른다. 고강도의 분노를 경험하면 몸이 매우 뜨거워지고 식은땀이 나며 비난할 대상을 찾는 데 집중하게 된다. 반대로 저강도의 분노를 경험하면 목덜미가 뻣뻣해지고 부당하게 느껴지는 일들이 미리를 스친다.

고강도 감정

디자인 회사 CEO 하비에르는 때때로 강렬한 감정을 느낀다. 기분이 좋을 때는 몸이 한층 가벼워지는 기분이 들고 환한 미소가 만면한다. 자신에게 커다란 기쁨을 주는 상황을 떠올리면 환희의 눈물이 주체할 수 없이 쏟아진다. 마찬가지로 슬플 때도 걸핏하면 눈물이 차올라 흘러내린다. 목소리가 흔들리고 갈라지기 일쑤이며, 슬픔을 유발하는 사건에 집중한다.

저강도 감정

고강도의 감정을 경험하는 하비에르와 반대로 글로벌 바이오테크 스타트업 설립자인 제러드는 화나거나 기분 좋거나 두려울 때 자신이 그런 감정을 느낀다는 사실 자체를 간신히 알아차린다. 감정이 신체적인 신호로 이어지는 법도 없고, 자신의 감정에 관한 생각에 시간을 그리 할애하지도 않는다.

극단적인 감정 상태를 연구하던 과학자들은 감정 경험의 강도가 매우 낮아 감정이 전혀 인식되지 않는 부류의 사람들이 있다는 사실을 발견했다. 이런 사람들은 자신이 느끼는 감정이 무엇인지 쉽사리 대답하지 못한다. 트라우마 때문에 이렇게 되는 경우가 많다. 처음에 느낀 고통을 다시 경험하지 않도록 자신을 보호하려고 감정과 거리를 두는 것이다.

하지만 제러드는 트라우마를 겪은 적이 없다. 그는 자신이 느끼는 감정이 무엇인지 설명할 수 있다. 설사 감정이 드러나지 않고 그에 대해 이야기하는 일이 자연스럽거나 쉽지 않다 하더라도 감정을 느낄 수는 있다. 제러드처럼 저강도 감정을 경험하는 사람이 많다. 이들이 느끼는 감정의 강도가 낮은 것은 생물학적인 요인이나 사회적 규범, 트라우마 등 여러 이유가 복합적으로 작용한 결과일 수 있다.

감정을 표현하는 방식

우리의 감정 경험은 감정을 느끼고 생각하는 방식으로 이뤄지며, 감정 표현은 감정에 따른 행동과 감정에 관한 대화로 이뤄진다.

우리의 감정 표현은 두 차원에 따라 생각해볼 수 있다. 여기서 말하는 두 차원이란 '감정 표현이 건설적인 정도'와 '감정을 편안하게 표현하는 정도'이다.

감정 표현이 건설적인 정도

감정 표현 방식은 매우 건설적인 데에서 매우 파괴적인 데까지 이른다.

화가 난 상황을 생각해보면, 감정의 원인에 대해 다른 사람들과 이야기 나누는 일은 건설적인 반응이지만 다른 사람에게 폭력적으로 행동하는 것은 파괴적인 반응이다. 슬픈 상황이라면 다른 사람들과 모여 상실감을 토로하는 일은 건설적인 반응이지만 신체적인 자해는 파괴적인 반응이다. 혐오감이 드는 상황이라면 그 감정을 유발하는 사람이나 사물과 거리를 두는 일은 건설적인 반응이지만 그 대상을 상대로 공세를 취하는 것은 파괴적인 반응이다.

하비에르와 밥은 파괴적으로 분노를 표현했다. 두 사람 모두 잔뜩 화가 난 고객의 전화를 받고 나면 전화기를 쾅 내려놓고 문제에 책임이 있는 관리자에게 즉시 전화했다. 둘 다 크고 거친 목소리로 같은 일이 또 벌어진다면 다른 일자리를 찾는 편이 좋을 거라 경고했다. 그런 다음에는 또다시 전화기를 쾅 내려놓았다.

감정을 편안하게 표현하는 정도

감정을 표현하는 방식 역시 편안한 표현에서 힘겨운 표현까지 다양하다.

앞서 살펴본 예시에서 하비에르와 밥은 표현 방식이 파괴적이긴 했으나 감정을 제법 편안하게 표출했다. 이들처럼 감정을 쉽게 표현하는 부류가 있다. 이런 사람들은 행복할 때면 펄쩍 뛰어오르거나 춤을 추며 기쁨을 표현한다. 공포 영화를 보며 소리를 질러대는 방식으로 두려움을 표현한다. 또 세상을 떠난 사랑하는 이를 떠올리며 자기도 모르게 눈물 흘리면서 슬픔을 표현하기도 한다.

이와 달리 저강도로 감정을 경험하는 글로벌 바이오테크 스타트업 설립자 제러드는 감정을 표현하는 데 어려움을 느꼈다. 어느 날, 직원들과 한창 회의하던 중 동생 로린에게서 전화가 왔다. 로린은 조금 전 아버지가 심장마비를 일으켰다고 전했다. 아버지와 사이가 가까웠는데도 제러드는 그 소식을 있는 그대로 받아들인 뒤 동료들에게 아무런 말도 없이 다시 회의에 복귀했다.

주말이 다가올 무렵 어떤 일이 벌어졌었는지 제러드에게서 전해 들은 동료들은 충격에 빠졌다. 그들은 제러드가 복도에서 그런 소식을 듣고도 아무 일 없었던 것처럼 회의에 복귀했다는 사실을 믿을 수 없었다. 하지만 제러드는 늘 그런 식이었다. 그에게는 감정을 표현하는 일이 어려웠다.

감정의 덫

감정의 덫은 크게 세 종류로 나뉜다. 주어진 상황에서 어떤 식으로 감정을 경험하고 표현하는가에 따라 사람은 누구나 때때로 각각의 덫에 걸리기 쉬운 상태가 된다. 하지만 우리는 나머지 두 종류에 비해 한 종류의 덫에 잘 걸려드는 경향이 있다. 우리가 셋 중 어떤 덫에 더 잘 걸려드는가는 어린 시절의 경험이나 성별, 국적, 종교, 인종에 따른 문화적 규범 등 감정을 경험하고 표현하는 문제와 관련된 가치 판단 기준에 영향을 받는다.

예컨대 항상 강한 감정을 있는 그대로 드러내는 가정에서 자랐다면 두려움이나 분노, 기쁨을 경험하고 표현하는 데 아무런 문제가 없을 수 있다. 반대로 감정을 드러내지 않는 환경에서 자랐다면 자신의 감정을 쉽게 알아차리지 못할 수도 있고 두렵거나 화날 때, 심지어 행복할 때조차 남들에게 감정을 드러내는 일이 불편할 수 있다.

세 가지 감정의 덫에 관한 다음 내용을 살펴보며 자신이 셋 중 어떤 덫에 걸릴 위험이 가장 큰지 생각해보자.

반사적 반응의 덫

반사적 반응의 덫에 빠지면 감정적인 경험에 따라 신속히 반응하게 된다. 편도체가 뇌의 나머지 부분을 장악했기 때문이다. 위험을 감지한 탓에 상대적으로 느리고 이성적인 전두엽 사고를 하는 대신 곧장 감정 기억에 따라 반응한다. 예를 들어 밥은 다른 사람들이 자기 생각대로 움직이지 않을 때마다 몹시 분노했으며 공격적인 방식으로 그 감정을 즉시 표출했다. 밥이 이런 태도를 보이면 상대방 역시 밥이 받아들이기 힘든 방식으로 감정을 표현했다. 샐리도 밥의 비난을 되받아치는 행태를 보였다.

보편적인 다섯 가지 감정 중 어떤 감정을 가장 강렬하게 경험하고 가장 쉽게 표현하는지 자신에게 물어보자. 나도 밥처럼 분노를 가장 쉽게 경험하고 표현하는 편이다. 이와 달리 기쁨이나 두려움 혹은 또 다른 감정을 가장 쉽게 경험하고 표현하는 사람도 있을 것이다.

이해하기 어려운 감정의 덫

이해하기 어려운 감정의 덫에 빠지면 감정이 자기 마음속에만 존재하고 타인은 접근할 수 없는 상태로 남는다. 심지어 자기 자신조차 그 감정에 접근하지 못하는 경우도 많다.

앞서 이야기한 제러드도 자신의 감정에 접근하는 데 어려움을 느끼는 사람이었다. 그런 탓에 다른 사람들 역시 제러드가 어떤 감정을 느끼는지 쉽게 파악하지 못할 때가 많았다. 제러드가 걱정하는지, 슬픈지, 화났는지, 이 중 어떤 기분도 아닌지 몰라 그를 도울 수 없었다. 게다가 제러드 자신조차 자신의 감정이 어떤지 제대로 몰라 타인의 감정에 공감하기도 어려웠다. 그래서 사람들은 제러드와 거리감을 느꼈다.

숨어 있는 감정의 덫

신문기자 아멜리아는 감정을 강렬하게 경험하는 편이다. 하지만 아멜리아가 어릴 때 부모는 아멜리아의 감정을 인정해주지 않았다. 아멜리아나 다른 자매들이 울거나 불평하거나 기뻐하면 부모는 언제나 "아이란 자고로 어른들이 봐주기를 기다려야지 시끄럽게 소리 내면 안 돼"라고 말했다.

어른이 된 아멜리아는 당연하게도 감정을 직접적으로 표현하는 데 어려움을 느꼈다. 강렬하게 감정을 경험할 때조차 표현하기가 쉽지 않았다. 아멜리아는 감정을 느꼈다. 하지만 감정을 느낀다는 사실을 인정하지 않았다. 기쁠 때도 좀처럼 웃지 않고, 다 함께 춤출 때도 늘 제일 마지막으로 무대에 합류했다. 강렬한 분노를 느낄 때는 감정을 드러내지 않으려 애썼다. 항상 감정을 숨기려 하지만 아멜리아의 감정은 완전히 사라진 것이 아니라 수면 위로 올라올 때를 기다리며 가만히 잠복해 있었다. 감정이란 원래 표현해야 마땅하다. 의식적으로 드러내지 않으려 해도 어떤 식으로든 표출되는 때가 많다. 이런 경우에는 주로 의도하지 않은 방식으로 감정이 드러난다. 직접적으로 감정을 표현하는 데 익숙하지 않은 탓에 아멜리아는 감정이 분출되는 방식을 거의 제어하지 못했다. 특히 강렬한 감정은 겉으로 드러날 수밖에 없다. 문제는 항상 아멜리아가 원하는 방식으로 감정이 표출되지는 않는다는 점이었다.

어느 날 기자 회의에 참석해 아멜리아는 데이비드라는 동료에게 몹시 화가 나기 시작했다. 알짜배기 취잿거리에서 자신을 몰아내려 한다고 느꼈기 때문이다. 의도하지 않았지만 데이비드를 바라보는 아멜리아의 얼굴에는 경멸감이 서려 있었다. 회의실에 함께 있던 동료들이 아멜리아가 데이비드에게 화난 것처럼 보인다고 이야기하자 아멜리아는 전혀 그렇지 않은데 생사람을 잡는다며 격렬하게 부인했다. 이런 행동 탓에 아멜리아와 동료들 사이가 상당히 동요했다.

아멜리아가 그랬듯 아무리 숨기려 애써도 잠복해 있던 감정이 배어 나오기도 한다. 애써 억눌렀던 감정을 자기도 모르게 엉뚱한 방식으로 표출하면 타인과의 의사소통에 문제가 생기고 갈등을 빚을 수 있다.

멈춤 훈련

더 이상 감정의 덫에 빠져들지 않으려면 두 종류의 멈춤 기법, 즉 선제적 멈춤proactive pause과 반응적 멈춤reactive pause을 통해 감정이 진행되는 속도를 늦추고 감정을 관찰해야 한다.

세 가지 덫 중 하나에 빠져들고 있다는 사실을 알아차릴 만큼 침착한 상태라면 반응적 멈춤이 가능하다. 다른 사람들의 행동에 무심코 반응하는 대신 일단 멈추고 잠깐 시간을 가질 수 있다. 이런 과정을 혼자 조용히 머릿속으로, 혹은 밖으로 소리 내어 진행할 수 있다. 가령 회사 대표와 대화하다가 감정의 덫에 빠져들었다면 내색하지 않고 조용히 머릿속으로 멈춤의 시간을 갖는 일이 가장 적절할 수 있다. 마음속으로 열까지 헤아리며 천천히 호흡하고 마음을 가라앉힌 다음 다시 대화로 돌아간다.

하지만 친구나 가족, 신뢰할 수 있는 동료와 함께 있을 때 감정의 덫에 빠진다면 상대에게 잠깐 멈춰달라고 부탁한 뒤 잠시 시간을 가지며 마음을 가라앉힐 수 있다.

내 친구 웬디는 이런 일을 능숙하게 잘 해낸다. 웬디와 나는 종종 고객 프로젝트를 같이 진행한다. 웬디는 전화 통화 중 가끔 내게 멈춰달라고 부탁한다. 그리고 조용히 자신의 몸에서 어떤 일이 벌어지고 있는지 살핀다. 가령 위장이 경직되는 느낌이 드는지, 목에 뭔가 걸린 듯한지 알아본다. 웬디는 이런 시간을 통해 우리가 논의 중인 질문이나 결정에 관해 자신이 어떤 감정을 느끼고 있는지 확인한다.

사실 웬디가 이렇게 행동하기 시작했을 때는 도대체 왜 툭하면 다른 데서 걸려온 전화를 받는지, 내가 왜 매번 웬디를 기다려야 하는지 이해되지 않았다. 그러던 어느 날 웬디가 다른 사람의 전화를 받는 것이 아니라 자신의 몸이 들려주는 소리에 귀 기울이는 것이라는 사실을 깨달았다.

웬디에게 이런 능력이 있다는 사실에 감사한다. 먼저 웬디가 무작정 말을 내뱉는 대신 잠시 시간을 갖고 자신이 진정으로 원하는 것이 무엇인지 생각해내려고 노력해 우리는 불편한 마음으로 오랫동안 대화를 나누지 않아도 된다. 또 웬디가 잠시 멈춤의 시간을 갖는 동안 나 역시 멈추게 된다. 자신을 돌아보고 어떻게 반응하고 싶은지 생각하는 데에는 몇 초면 충분하다. 잠깐의 멈춤은 웬디와 나의 관계, 그리고 우리 두 사람이 추구하는 결과에 긍정적인 영향을 미친다.

하지만 반응적 멈춤에도 문제점은 있다. 반사적 반응의 덫이나 숨어 있는 감정의 덫에 쉽게 빠져드는 사람들에게는 반응적 멈춤이 특히 문제가 된다. 감정을 강렬하게 경험할수록 멈춤은 크게 도움이 되지만 감정이 강렬할수록 멈추기 어렵기 때문이다. 저항하기 힘들 정도로 강렬한 감정을 느끼면 멈춤의 시간을 갖기가 매우 어렵다.

개인적으로도 이런 순간을 많이 겪었다. 특히 화났을 때 그런 적이 많다. 계속해서 반사적으로 반응하면서도 감정에 무력해져 그 행동을 멈추지 못한다.

고객 및 학생 들과 20년 동안 이 딜레마와 씨름한 끝에 매일 선제적인 멈춤을 훈련하는 방법이 도움이 된다는 사실을 발견했다. 선제적 멈춤이 반드시 필요해 보이지 않는 상황에서도 이런 훈련은 도움이 된다. 달리 말해 이런 상황에서 멈춤 훈련이 특히 유효하다고도 볼 수 있다.

감정이 격해지거나 다른 사람과 상호 작용하지 않는 상태에서 멈춤 훈련을 열심히 할수록 누군가와 마주한 상황에서 감정이 격해질 때 멈춤을 실천하기가 쉬워진다. 기차를 타고 가는 동안 마음이 흘러가는 대로 내버려두거나, 휴대전화를 집에 두고 나와 공원을 혼자 거닐거나, 5분 동안 조용히 앉아 있는 식으로 선제적 멈춤을 훈련할 수 있다.

훈련은 기간보다 빈도가 중요하다. 선제적 멈춤이 순식간에 이뤄질 수도 있다. 15년도 더 전에 캄보디아를 여행하다가 불상 사진을 찍은 뒤로 나는 컴퓨터 배경 화면을 불상으로 설정해두었다. 컴퓨터 프로그램을 변경할 때마다 불상이 눈에 들어오면 바쁜 하루를 보내다가도 1초 동안 멈추고 내 감정을 살핀다.

감정을 인정하라

멈춤 훈련을 이미 매일 하고 있든 이제 막 시작했든 선제적 멈춤 시간을 이용해 자신의 감정을 인정하고 자신이 느끼는 감정에 명확한 이름을 붙일 수 있다. 뛰어난 성과를 자랑하는 대다수 전문가와 비슷한 상황에 놓인 사람에게는 집중적인 멈춤 훈련이 도움이 될 수 있다. 늘 무언가를 해내야 한다는 엄청난 압박감에 둘러싸여 살아가기 때문에 이런 식으로 조용히 사색하는 시간을 보내는 일이 반란 행위처럼 느껴질 수도 있다. 하지만 반란이 끝나면 해방이 찾아온다.

지난여름 뉴햄프셔 화이트 마운틴스에서 나흘간 멈춤의 시간을 보내며 이런 기분을 느꼈다. 나는 분기마다 홀로 사색하는 시간을 가졌다. 하지만 대체로 24시간이나 48시간에 그쳤다. 편안한 마음으로 육아나 고객 관리를 머릿속에서 잠시 지울 수 있는 최대의 시간이 그 정도였다. 하지만 그렇게 짧은 동안에도 이따금 죄책감을 느꼈다.

이번 여행은 달랐다. 아이들은 모두 숙박이 포함된 캠프 프로그램에 참여했고, 남편은 직장에서 진행 중인 중요한 프로젝트에 매달려 정신없었으며, 고객들 역시 휴가 중이거나 휴가를 절실히 필요로 했다. 나는 죄책감에서 자유로워져 나흘 동안 온전히 자연과 나의 감정과 교감하는 데 집중했다. 14킬로그램짜리

가방에 작은 다이어리 한 권을 들고 다니며 내 감정이 풍경과 함께 변해가도록 내버려두기로 마음먹고서 감정이 떠오를 때마다 그것에 이름을 붙였다.

일정 내내 비가 온 탓에 내 최대 난제는 다이어리가 젖지 않게 하는 일이었다. 나흘 동안 보슬비가 내리기도 했고 폭우가 쏟아붓기도 했다. 날씨가 궂었는데도 가장 먼저, 그리고 가장 자주 떠오른 감정은 기쁨과 만족감이었다. 혼자 시간을 보내고, 정상에 디다를 때마다 돌무넘 위에 돌맹이를 하나 올려놓고, 20대 초반 즐겁게 주말을 보내던 추억이 깃든 장소에서 신선한 공기를 들이마시는 일은 무척 즐거웠다.

그러다 이모에게로 생각이 흘렀다. 이모와 이모부는 10년 간격을 두고 암으로 세상을 떠났다. 내게는 제2의 엄마 같은 존재였던 이모에게 생각이 닿자 슬픔이 밀려왔다. 그 감정에 주목하며 다시 걸으니 슬픔이 사라지고 만족감이 찾아왔다. 그렇게 가파른 절벽 단면을 향해 걸어가는데 천둥 번개를 동반한 폭풍이 올 것 같은 조짐이 보였다. 나는 공포감에 사로잡혔다. 내면에서 왔던 길로 되돌아가라고 재촉하는 목소리가 들려왔다. 나는 그 목소리를 있는 그대로 인정했다. 돌아가라는 메시지를 들었다고 답하고, 위험 신호가 있는지 계속 하늘을 살펴겠다고 안심시켰다. 그러고 계속 걸었다.

폭풍이 끝내 오지 않자 공포심은 사라지고 기쁨이 되찾아왔다.

실제로 멈춰서 경험해보려고 하면 감정 역시 날씨만큼이나 덧없다는 사실을 다시 한번 깨달으며 나는 그곳을 떠났다. 감정을 인식하도록 훈련할수록, 즉 감정이 들끓도록 내버려두었다가 감정을 인식하고 저절로 사라지게 두는 훈련을 할수록 감정을 편안하게 대할 수 있다. 심지어 감정에 사로잡혀 있을 때도 마찬가지이다.

감정을 가라앉혀라

일단 감정을 인정했다면 이제 어떻게 해야 할까?

베트남의 유명한 승려 틱낫한은 인간의 감정을 사막에서 주어진 흙탕물 한 컵에 비유했다.[6] 물을 마시고 싶지만 흙 때문에 물이 탁하다. 어쩌면 좋을까?

흙이 물컵 바닥에 가라앉을 때까지 기다리면 맑은 물을 마실 수 있다.

틱낫한은 감정도 그와 같다고 이야기한다. 흙탕물처럼 탁한 감정을 없애거나 변화시키거나 관찰하려 들어서는 안 된다. 그저 가라앉기를 기다렸다가 어떻게 되는지 지켜보면 된다. 대체로 탁한 감정이 사라지고 나면 좀더 건설적인 감정이 그 자리를 메운다.

몇 년 전 자녀가 있는 맞벌이 부부라면 누구나 익숙하게 느낄 만한 상황에 봉착한 나는 틱낫한의 조언을 활용해보았다. 딸아이의 여름 캠프가 막 끝나고 학기는 아직 시작되지 않았을 무렵 사건이 벌어졌다.

우리 부부는 둘 다 캠프가 끝난 다음 날 시내에서 일해야 했던 터라 딸을 돌봐줄 베이비시터를 미리 구해두었다. 하지만 일정 확인차 베이비시터에게 문자를 보내자 그녀는 우리가 베이비시터를 필요로 하는 줄 몰랐다며 딸을 돌봐줄 시간이 없다고 답했다.

문자를 읽는 순간 분노가 치밀었다. 얼굴과 목으로 피가 쏠리고 맥박이 빨라졌다. 딸의 캠프가 끝나는 날이 언제인지 남편과 맨 처음 대화를 나눴을 때 좀더 명확하게 상황을 정리하지 못한 나 자신에게 화가 났다. 베이비시터에게 우리가 필요로 하는 것들을 분명하게 전달하지 못한 남편에게 화가 났다. 우리가 필요한 날짜와 일정이 맞지 않고 퉁명스럽게 답장하는 베이비시터에게도 화가 났다.

조깅하면 기분도 좋아지고 그럴듯한 아이디어도 많이 떠오르는 편이라 밖으로 나갔다. 하지만 조깅을 끝낸 뒤에도 화는 가라앉지 않았다.

그러던 중 틱낫한의 조언이 떠올랐다. 나는 그리 내키지 않는 마음으로 명상용 방석에 앉아 침실 한쪽에 있는 명상 공간에 붙여둔 사진 몇 장을 가만히 바라봤다.

5분도 채 되지 않아 긍정의 마법이 나를 감싸는 기분이 들었다. 마음이 완전히 차분해졌다. 우리 모두 유능하고 창의적인 사람들인 만큼 좋은 방법을 찾아낼 수 있을 것이라는 생각이 들었다.

자리에서 일어나 다음 날 일정을 조정할 방법을 같이 찾아보자고 남편에게 이야기하기 위해 전화기를 집어 들었다. 휴대전화에는 문자 메시지 한 통이 도착해 있었다.

죄송합니다. 일정표를 잘못 봤어요. 내일 댁으로 찾아뵙겠습니다.

화가 가라앉기를 기다리면 마법처럼 메시지가 나타나 상황이 좋아진다고 설명하려는 것이 아니다. 이 이야기의 요점은 흙탕물이 가라앉기를 기다리는 일이 그리 더디지 않을뿐더러 생각만큼 복잡하지도 않다는 것이다.

물론 감정이 가라앉기를 기다리기가 항상 쉽지는 않다. 감정의 강도가 세다면 특히 그렇다. 잠깐 멈추는 시간을 가졌는데도 여전히 화가 난다면 어떻게 해야 할까?

감정에 귀 기울여라

특정한 감정이 느껴지면 자신을 찾아온 오랜 친구처럼 대하며 그것이 어떤 감정인지 살펴봐야 한다.

영화 〈인사이드 아웃〉에서는 다섯 가지 핵심 감정을 상징하는 각 애니메이션 캐릭터가 뚜렷한 성격과 외모, 목소리를 지니고 있다.[7]

분노를 상징하는 '버럭'은 몸집이 크고 타오르는 붉은색에 얼굴이 사각형이며 목소리는 걸걸하고 심술궂다.

두려움을 상징하는 '소심'은 비쩍 마른 밝은 보랏빛 몸에 키가 크고 목소리는 신경질적이고 카랑카랑하며 불안정하다.

슬픔을 상징하는 '슬픔'은 커다랗고 푸른 공 같은 체형에 눈꺼풀이 둥글고 아래로 처졌으며, 목소리는 느릿느릿하고 단조롭다.

당신 감정의 모습, 소리, 느낌, 냄새는 어떤가?

뉴햄프셔 하이킹 트레일에서 내가 그랬듯 자신을 찾아온 감정에 말을 걸어보려 노력해야 한다.

사람들 앞에서 이렇게 행동하는 일이 우스꽝스럽게 느껴진다면 혼자 머릿속으로 말을 걸어보거나 조용한 장소를 찾아가 "안녕, 두려움아. 내게 뭘 이야기하려는 거야?"처럼 말해보는 것도 좋다.

그런 다음 어떤 대답이 들려오는지 귀 기울여보자. 자신을 찾아온 감정의 모습과 소리를 상상하기 힘들지도 모르지만 그 감정이 들려주는 대답 속에서 감정의 성격이 어떤 식으로든 드러날 것이다.

우리가 느끼는 감정들이 우리에게 전달하고자 하는 대표적인 메시지를 정리해보면 다음과 같다.

> 분노(버럭)의 메시지: "이건 옳지 않아. 무언가가 바뀌어야 해."
> 두려움(소심)의 메시지: "곧 위험이 닥칠 거야!"(실제로 그럴 수도 있고, 그저 느낌일 수도 있다.)
> 슬픔의 메시지: "슬픈 일이 생겼어."
> 혐오(까칠)의 메시지: "이건 좋지 않아."
> 기쁨의 메시지: "와, 이거 정말 멋진데."

많은 고객과 학생을 코칭하다 보면 뜻밖의 감정이 요동칠 때가 있다. 직장에서 기대주로 꼽히던 브리아나를 코칭하던 중에도 그런 일을 경험했다. 법률회사에 재직하고 있던 브리아나는 회사 권유로 내가 코치로 있었던 리더십 양성 프로그램에 참여했다. 당시 브리아나는 법률회사의 파트너 자리로 이어지는 탄탄대로를 걷고 있었다. 나를 만나기 몇 달 전까지 그랬다고 볼 수 있다.

리더십 양성 프로그램에서 내가 맡은 역할은 참가자들과 함께 다면 평가(360도 피드백) 자료를 검토해 참가자들이 피드백을 평가하고 변화를 위한 계획을 수립하도록 돕는 것이었다. 브리아나는 뛰어난 성과를 내며 경쟁의식이 투철하고 완벽주의를 고수하는 A형 행동 양식을 지닌 인물로, 업무 평가에서 한 번도 나쁜 결과를 받아본 적이 없었다. 그런 탓에 동료들의 상당한 우려가 담긴 다면 평가 데이터를 확인하고 충격에 빠졌나. 동료들은 브리아나가 평소답지 않게 세부적인 면에서 실수를 저지르고 그룹 회의에 적극적으로 참여하지 않는 등 집중력과 추진력이 약해졌다고 평가했다. 직급이 낮은 몇몇 직원은 갑작스레 변덕스럽고 급해진 브리아나의 성격을 감내해야 하는 처지가 되었다고 적었다. 다면 평가 내용 중 상당수가 "브리아나가 업무에 복귀했을 때부터"라는 문구로 시작했다.

자리를 잡고 피드백에 대해 논의하기 시작하며 브리아나에게 어떤 일을 하다 업무에 '복귀'했는지 물었다. 그녀는 매우 슬픈 이야기를 들려주었다. 브리아나는 난생처음 엄마가 되려고 준비하고 있었다. 하지만 나를 만나기 6개월 전 길고 고통스러운 분만 끝에 아이가 사산되는 아픔을 겪었다. 브리아나는 앨마라고 이름 붙인 아기를 떠나보낸 슬픔을 달래며 미리 신청해둔 출산휴가를 사용했다. 그녀가 손가락에 끼고 있던 반지를 빼서 내게 보여주었고, 거기에는 앨마의 이름과 생년월일이 새겨져 있었다. 브리아나는 자신이 사산된 아기에게 유대감을 얼마나 강렬하게 느끼는지 다른 사람들이 잘 이해하지 못했고, 사람들의 그런 태도 때문에 아픔을 극복하는 과정이 너무도 외로웠다고 털어놓았다.

그녀는 직장으로 복귀했을 때 회사 생활에 적응하기가 예상외로 힘들었다고 고백했다. 자신이 회사 일을 제대로 해내고 있는지 의구심이 들었다. 심지어 변호사 일 자체가 자신에게 맞는지 의심스럽기까지 했다. 한때는 즐거웠던 일이 지루하고 얄팍하게 느껴졌다. 다면 평가 자료에 적나라하게 기록되어 있듯 브리아나의 좌절감은 이따금 주변인들을 향해 분노의 형태로 표출되었다. 그렇게 감정을 쏟아내고 나면 기분이 몹시 나빴다.

브리아나는 좌절감에 사로잡혀 손가락의 반지를 돌리며 "제게 맞지도 않는 일을 하느라 그동안 그렇게 애썼던 걸까요?"라고 물었다. 브리아나는 회사를 나와 다른 업계에서 일하거나 공부를 다시 시작하는 것이 좋을지 고민했다.

나는 브리아나의 문제가 법률회사나 법률업계의 적합성과는 관계없다는 사실을 직관적으로 알았다. 그녀는 행복한 나날이 되리라고 예상한 출산 휴가가 끝난 뒤 회사로 복귀할 수밖에 없었다. 하지만 브리아나가 감당해야만 했던 엄청난 슬픔을 위로하기에 3개월은 턱없이 부족한 시간이었기에 이런 문제가 생겼다는 직감이 들었다. 에너지 넘치는 회사 중역이었던 브리아나는 자신이 여전히 슬프고, 아직 업무에 복귀할 준비가 되지 않았을지도 모른다는 사실을 받아들이지 못했다.

이 문제에 대해 이야기 나눠보기로 마음먹고 나는 브리아나에게 다정하게 말을 건넸다. "한 가지만 물어볼게요. 회사를 떠나 있었던 3개월의 시간이 충분했나요? 슬퍼할 시간이 충분했어요?"

브리아나는 눈썹을 치켜올리며 눈을 동그랗게 뜨고 나를 쳐다봤다. "아니요. 당연히 아니죠. 하지만 업무에 복귀해도 좋다는 기분이 앞으로도 영원히 들지 않을까 봐 걱정돼요. 그러니까 3개월의 휴가가 끝날 무렵이면 다 괜찮아질 거라고 생각했어요. 하지만 벌써 6개월이 지났는데도 앨마를 출산하던 날처럼 끔찍해요. 기분이 언젠가 나아지긴 할까요?"

브리아나와 함께 앉아 있는 동안 명치에서 슬픔이 차오르는 듯했다. 브리아나가 자신이 겪은 일을 받아들이려 애쓴다는 사실을 알 수 있었다. 브리아나는 기분이 결코 나아지지 않을까 봐 걱정된다고 이야기했다. 그 순간 우리 두 사람 사이의 분위기는 다소 엄숙했다. 나는 그 기분을 외면하거나 밀어내려 하지 않았다. 오히려 있는 그대로 두고 둘 사이의 엄숙함에 초점을 맞췄다. 내가 할 일은 브리아나의 고통을 없애는 것이 아니라 그녀가 겪고 있는 고통의 증인이 되는 것이라는 사실을 잘 알았다.

그러자 브리아나에게 번뜩이는 깨달음의 순간이 찾아왔다.

브리아나는 딸을 잃은 아픔의 깊이가 예상보다, 혹은 자신의 바람보다 더욱 깊고 고통스럽다는 사실을 깨달았다. 내가 던진 질문에 대한 자신의 대답을 들으며 브리아나는 잠시 멈춰서 충분히 슬퍼할 시간을 자신에게 허락하기 시작했다.

브리아나는 자신의 감정이 보내는 메시지에 주의를 기울였다. 상처에서 완전히 벗어난 뒤 업무에 복귀하는 것이 좋겠다고 판단해 무급휴가를 추가로 신청했고, 상사는 브리아나의 요청을 받아들였다.

무급휴가는 브리아나 자신과 그녀의 가족 관계, 동료 사이에는 물론 회사에도 도움이 되었다. 브리아나는 새로운 일을 찾을 필요가 없다고 판단했다. 그동안 브리아나의 자신감을 떨어뜨린 것은 업무 자체가 아니라 슬픔과 피로였다. 새롭게 마음을 다잡은 브리아나는 몇 달 뒤 업무에 복귀했다. 그로부터 1년이 채 되지 않아 브리아나는 파트너로 승진했다.

감정을 어떻게 사용할 것인가

감정을 인정하고 감정이 들려주는 이야기에 귀 기울였다면 이제 건설적인 행동을 해야 할 때이다.

분노를 느낄 때면 미국의 상징적인 인권운동가가 그 감정을 어떻게 다스렸는지 떠올려보자. 마틴 루서 킹 목사Reverend Dr. Martin Luther King, Jr.는 분노의 감정을 한 번도 느끼지 않았을까?

아니면 분노를 없애고 싶어 했을까?

불평등한 일이 벌어지지 않는 것처럼 굴었을까?

폭력적인 행동을 했을까?

그렇지 않다. 킹 목사는 위에 묘사된 그 어떤 행동도 하지 않았다.

그는 자신의 분노를 인정하고 사회 변화의 기폭제로 활용했다. 이런 태도 덕에 많은 사람이 시민 평등권이 보장되지 않는데 대한 불만을 폭력적으로 표현하거나 침묵으로 일관했던 당시 미국의 상호작용 패턴이 깨졌다. 다만 킹 목사는 건설적인 패턴 파괴 행동을 택했다.

킹 목사는 불평등이 흑인들에게 어떤 영향을 미치는지 명확하게 짚었다. "우리의 시민권이 침해당하고 있습니다."

킹 목사는 정의를 위해 헌신했다.

그는 모든 사람을 동등하게 대해달라는 모든 미국인의 명확한 요구사항을 전달했다.

킹 목사의 소망이 아직 명확히 실현되지는 않았지만 다른 사람들의 행동이 어떤 영향을 미치는지 구체적으로 설명하는 방식에 정의를 위해 헌신하고 요구사항을 분명히 전달하는 방식이 더해져 변화를 만들어냈다. 이런 노력 덕에 50년이 넘는 지난 세월 동안 미국에서 시민권이 상당히 개선될 수 있었으며, 이런 변화는 지금도 진행 중이다.

다른 감정도 마찬가지이지만 분노라는 감정 역시 그 자체가 나쁘지는 않다. 감정이 생겼을 때 어떻게 행동하는지에 따라 분노가 건설적인 변화의 촉매제가 될 수도 있고 파괴의 기폭제가 될 수도 있다.

모두 자신에게 달렸다.

혁명가가 아닌 보통 사람의 건설적인 변화

패턴 파괴 행동을 하기 위해 또 한 명의 마틴 루서 킹 목사가 될 필요는 없다. 이해하기 어려운 감정의 덫에 빠져들곤 했던 바이오테크 스타트업 설립자 제러드를 기억하는가? 제러드는 자신의 분노를 발판 삼아 건설적으로 행동하는 방법을 익혔다.

어느 날 제러드는 자사의 뛰어난 인재 휘트니가 월급을 두 배로 올려 경쟁사로 이직하기로 했다는 소식을 들었다. 이 사실을 처음 안 순간 가슴이 쿵 하고 내려앉았다. 제러드는 개인적으로 친분이 있는 경쟁사 설립자가 휘트니를 채용했다는 사실에 분노가 차올랐으며 그 제안을 받아들인 휘트니에게도 화가 났다는 사실을 인정했다.

제러드가 설립한 스타트업은 팀 문화를 발전시키는 단계에 있어 조직문화가 아직 취약한 상태였다. 휘트니가 지닌 뛰어난 재능을 잃는 것도 염려되었지만 휘트니가 팀을 떠나면 팀의 사기가 크게 저하될 것이라는 사실도 문제였다. 이런 상황에 잘 대처하지 못하거나 휘트니를 향해 수동적인 공격성을 보인다는 인상을 주면 자신뿐 아니라 팀원들까지 부정적인 영향을 받을 수밖에 없었다. 또 다른 직원이 회사를 나갈 위험도 있었다. 제러드는 인력 손실을 더는 감당할 수 없는 처지였다.

제러드는 회사 밖으로 나와 산책하며 이 일에 어떻게 대응하면 좋을지 고민했다. 그는 생각을 정리하고 회사로 돌아가 인사팀 책임자를 만났다. 두 사람은 이후 며칠간 휘트니에게 어떻게 대응하면 좋을지 머리를 맞대고 궁리했다. 그런 다음 휘트니에게 대안을 제시했다. 하지만 휘트니는 제러드의 제안을 거절하고 경쟁사로 이직하는 쪽을 택했다. 휘트니가 떠난다는 사실에 몹시 실망했지만 제러드는 팀원들에게 조심스럽게 그동안 어떤 일이 일어났는지 설명하고 이 어려운 순간을 이겨낼 수 있도록 힘을 모아달라고 당부하는 내용을 이메일로 보냈다.

제러드는 자신의 감정을 인정하고 그 감정을 바탕으로 건설적인 행동을 하는 방식, 즉 자신의 분노에 주목하고 다른 사람들에게 신중하게 부탁하는 방식으로 과거의 패턴을 파괴했다. 이런 방식 덕에 휘트니가 회사를 떠나고도 제러드의 우려와 달리

사기가 저하되지 않았으며 또 다른 직원이 회사를 그만두는 일
도 없었다.

타인의 감정에 휘둘리지 않으려면

당신이 자신의 감정을 인정하고 귀를 기울이며 건설적으로 행
동한다고 해서 다른 사람들도 반드시 그렇게 할 것이라 기대해
서는 안 된다. 인생을 살아가다 보면 이런 상황에 부닥치게 마련
이다. 아이가 뜬금없이 짜증을 내거나 배우자가 자제력을 잃고
당황할 때, 상사가 느닷없이 발끈하는 순간 이 사실을 발견할 것
이다.

상대의 감정이 당신을 향한 것처럼 보이거나 당신의 언행 때
문에 상대가 감정을 표현하는 것처럼 느껴지더라도 실제로 상
대가 그런 감정을 느끼게 된 데는 당신 외의 다른 이유가 있다는
사실을 이해하는 것이 이런 상황에서 벗어나는 데 무엇보다 중
요하다. 사실 다른 사람의 감정 표현은 당신과 아무런 상관이 없
을 때가 많다.

다른 누군가가 어떤 말이나 행동을 했을 때 그 사람의 언행
대부분을 당신과 관련지어 받아들일 수도 있다. 하지만 사람은
누구나 자신이 살아온 이력, 문화적·국가적·종교적 배경, 양육

환경 등에 따라 각기 다른 감정의 덫을 갖고 있다. 상대의 말이나 행동이 모두 당신과 관련된 것처럼 반응한다면 이 같은 사실을 충분히 인정하지 않는 것이나 다름없다.

상대가 도전적이거나 공격적인 방식으로 당신을 향해 감정을 분출하더라도 그가 그저 자신의 여정을 살아내고 있을 뿐이라는 사실을 떠올리면 긴장을 누그러뜨릴 수 있다.

상대의 감정 표현이 어디에서 비롯되었는지 확인하라

자기 자신의 경험에서 비롯된 감정과 다른 누군가의 경험에서 비롯된 감정을 구분하는 능력을 계발하기는 쉽지 않다. 하지만 이는 매우 중요한 능력이다. 둘을 구분하는 데 도움이 되는 한 가지 방법은 강한 감정을 표현하는 사람과 함께 있을 때면 잠시 멈추는 시간을 갖는 것이다. 상대가 당신과는 별개로 자신만의 감정을 경험하고 있다는 사실을 인정할 수 있는지 생각해보자. 상대가 당신의 말이나 행동에 반응해 특정한 감정을 드러내더라도 결국 그들이 느끼는 감정은 그들 것이다. 상대의 이야기에 귀 기울여주는 친구나 동료의 역할을 할 수는 있다. 하지만 그들의 감정을 당신의 감정으로 받아들일 필요는 없다. 상대의 감정이 감정의 주인인 자신을 넘어 당신에게까지 영향을 미치지 않도록 유의해야 한다.

상대가 어떤 감정을 표현하는지 파악하라

인간의 본질상 우리는 모두 자신의 경험과 필터를 토대로 이 세상을 이해한다. 나와 타인은 서로 다른 사람이기 때문에 상대가 어떤 감정을 경험하고 있으며 어떤 의도를 가졌는지 확실하게 이해할 수는 없다. 하지만 상대가 다섯 가지 보편적인 감정 중 어떤 감정을 표출하고 있는지 자문해보면 도움이 될 수 있다. 잠시 멈춰 상대를 관찰하며 그 사람의 마음을 추측해보자.

상대가 어떤 식으로 감정을 표현하고 있는가? 혹은 어떤 식으로 감정을 드러내지 않고 있는가? 건설적인 방식으로 감정을 드러내고 있는가? 혹은 파괴적인 방식으로 감정을 표출하고 있는가? 감정을 편안하게 표현하는가, 아니면 힘겹게 표현하는가?

상대가 세 가지 감정의 덫, 즉 반사적 반응의 덫, 이해하기 어려운 감정의 덫, 숨어 있는 감정의 덫 중 어떤 감정의 덫에 특히 취약해 보이는가? 상대가 지금 그 덫에 빠져 있는가? 만약 그렇다면 어떻게 그런 덫에 빠져들게 되었을까?

상대의 감정이 상대에게 되돌아가게 하라

지금까지 살펴보았듯 다른 사람들이 내적으로 어떤 경험을 하고 있는지 정확하게 알 길은 없다. 하지만 당신이 이해한 바를 상대와 공유할 수는 있다. 다만 당신이 하는 말이 옳은지 그렇지 않은지 상대가 인정할 수 있는 여지를 남겨두는 방식으로 단순하고, 건설적이며, 고차원적으로 표현하도록 유의해야 한다. 그래도 괜찮은 상황이라면 자신의 판단이 옳은지 상대에게 물어보는 것도 좋다. 상대를 간단히 관찰한 다음 질문을 던지는 방법이 도움이 될 때도 있다. 가령 "와, 너 화난 것처럼 보여. 정말 그런 거야?"라고 물어볼 수도 있고 "음, 너는 감정 표현을 힘들어하는 것처럼 보여. 정말 그래?"라고 물어볼 수도 있다.

마찬가지로 그래도 괜찮은 것처럼 보이는 경우라면 "너만 괜찮다면 지금 네게 어떤 일이 벌어지고 있는지 나도 이해해보고 싶어"라는 식의 말로 상대의 기운을 북돋울 수도 있다. 하지만 그래야 한다고 압박감을 느낄 필요는 없다. 상대에게 어떤 일이 벌어지고 있는지 알아차린 다음 그들의 감정 경험이 감정의 주인인 그들에게 되돌아가도록 만드는 것이 목표라는 사실을 기억해야 한다.

디자인 회사에서 하비에르와 함께 근무하는 타라의 경우를 떠올려보자. 상담 중 타라는 자신과 하비에르가 오랫동안 건강하지 않은 갈등 패턴에 사로잡혀 있었다는 사실을 인정했다. 두 사람의 갈등 패턴은 항상 하비에르가 화를 내면 타라는 회피하는 식이었다. 하비에르가 분노를 표출하면 타라는 며칠씩 하비에르를 피해 다녔다. 마음이 준비되기 전까지는 하비에르와 같은 공간에 있는 것이 힘들었던 탓이다.

하지만 하비에르의 감정 경험이나 표현과 자신을 분리하고 하비에르의 감정이 그에게 되돌아가게 만드는 방법을 익히자 타라는 둘의 케케묵은 갈등 패턴에서 벗어날 수 있었다. 어느 날, 하비에르는 중요한 영업 프레젠테이션 자료가 기대에 못 미친다는 이유로 화가 나 타라에게 모욕적인 말을 퍼부었다. 타라는 이전과 다르게 반응했다. 여느 때라면 모욕감에 고개를 떨군 채 슬며시 방을 나갔겠지만 이번에는 용기를 내어 하비에르의 감정이 자신이 아니라 하비에르를 향하도록 했다.

타라는 이렇게 이야기했다. "사장님, 이 일 때문에 정말 화나신 것 같아요. 왜 그러세요?"

하비에르는 예상치 못한 타라의 반응에 허를 찔렸다. 물론 좋은 의미에서였다. 특히 하비에르는 품행이 나쁘다는 이유로 지적받아본 적이 없었기 때문에 타라의 말은 하비에르의 감정이 더 이상 들끓지 않도록 멈춰 세웠다. 하비에르는 약간 당황해 이렇게 중얼거렸다. "잘 모르겠어. 슬라이드가 내가 생각했던 것과 달라. 다시 만들어야 할 것 같아."

하비에르가 장황하게 비난을 쏟아붓던 태도에서 빠져나오자 두 사람은 격렬한 감정에 방해받지 않고 슬라이드를 수정할 방법을 논의할 수 있게 되었다.

지금까지는 갈등고리에서 벗어나는 데 감정이 어떻게 방해되며 감정을 어떻게 활용하면 도움이 되는지 살펴보았다. 4장에서는 우리가 인생에서 정말 중요하게 여기는 가치가 갈등고리에서 벗어나는 데 어떻게 방해되며 가치를 잘 활용해 갈등고리에서 벗어나려면 어떻게 해야 하는지 살펴볼 것이다.

요약

▶ 우리는 자신이 느끼는 감정에 대해 생각하고 이런 감정을 생리학적으로 느끼면서 감정을 경험한다. 감정의 범위는 고강도에서 저강도까지 이른다.

▶ 우리는 감정에 따라 행동하고 감정에 관해 이야기하는 방식으로 감정을 표현한다. 또 건설적인 정도와 편안하게 표현하는 정도의 두 가지 차원에 따라 감정을 표현한다.

▶ 감정을 경험하고 표현하는 방식에 따라 반사적 반응의 덫이나 이해하기 어려운 감정의 덫, 숨어 있는 감정의 덫에 쉽게 빠질 수 있다.

▶ 감정의 덫에 빠지지 않으려면 멈춤의 시간을 갖고 자신의 감정 경험을 돌아봐야 한다. 감정이 잦아들기를 기다려야 한다. 당신의 감정이 어떤 메시지를 전달하고자 하는지 자문해보자. 그런 다음 그 메시지를 토대로 건설적인 패턴 파괴 행동을 하자.

▶ 받아들이기 힘든 방식으로 상대가 감정을 표현한다면 상대는

자신의 여정을 이어나가고 있을 뿐이라는 사실을 기억해야 한다. 설사 상대가 당신의 말이나 행동에 반응하는 것이라 하더라도 그들의 감정 표현은 당신이 아닌 그들의 것일 뿐이다.

▸ 상황을 관찰한 뒤 상대방에게 무슨 일인지 질문하는 것만으로도 상대의 감정 표현이 당신에게 영향을 미치지 않고 감정의 주인인 그에게 되돌아가게 만들 수 있다.

> **응용 훈련**

감정을 활용하라[8]

▸ 멈춰라. 당신의 감정을 인정하고 당신이 느끼는 것이 어떤 감정인지 파악해야 한다. 어떤 감정을 느끼기 전에 선제적이고 주기적으로 멈춤 훈련을 하면 도움이 된다. 또한 실제로 감정이 차오를 때 그에 대응해 반응적인 멈춤을 훈련할 수도 있다.

▸ 가라앉혀라. 감정을 가라앉혀야 한다. 당신을 찾아온 오래된 친구를 대하듯 당신이 느끼는 감정에 대해서도 잘 알아나가야 한다. 당신의 감정은 어떤 모습인가? 어떤 소리가 나는가? 어떤 느낌인가? 어떤 냄새가 나는지 생각해봐도 좋다.

▸ 질문하라. 당신의 감정이 당신에게 어떤 메시지를 보내려 하는가?

▶ 행동하라. 당신의 감정이 당신에게 보내는 메시지를 토대로 과거와는 다른, 지금까지의 갈등 패턴을 파괴하는 데 도움이 되는 어떤 건설적인 행동을 할 수 있는가?

4장

이상적 가치와
그림자 가치를 존중하라

> 모든 사람에게는 그림자가 있다. 겉으로 드러나는 의식적인
> 삶에 그림자가 덜 배어날수록 그림자는 더욱 짙어진다. 그림
> 자는 어떤 식으로든 무의식적인 문제를 만들어내 인간의 가
> 장 좋은 의도를 좌절시킨다.
>
> ─ 카를 융

인간에게는 겉으로 드러나는 이미지보다 훨씬 많은 모습이 있
다는 사실을 대부분 사람이 직감적으로 이해한다. 카를 융은 이
런 개념을 중심으로 하나의 심리학 학파를 만들어냈다. 융은 겉
으로 드러나는 우리의 모습을 에고ego라고 정의한 다음 겉으로
드러나지 않는 모습, 심지어 우리 자신도 모르는 모습에 관심을
가졌다. 융은 인간의 감춰진 모습을 그림자 자아shadow self라 일컬
으며, 에고와 그림자 자아의 갈등이 외부 세계에 존재하는 거의
모든 갈등의 중심에 있다고 설명한다. 이런 갈등을 치유하려면
그림자 자아를 부끄러워하며 없애려 애쓰기보다 의식 세계로

끌어들이고 받아들이며 그림자 자아가 들려주는 이야기에 귀 기울여야 한다. 융은 이 과정을 개성화individuation라 부른다. 이 내용은 우리가 이 장에서 진행할 훈련 내용과 매우 유사하다.

사람은 누구나 일생을 살아가면서 자신만의 가치 지문values fingerprint을 만들어나간다. 손가락에 있는 실제 지문과 달리 가치 지문은 고정되어 있지 않다. 이는 우리가 살면서 경험하는 것들과 주위 사람들을 통해 배우는 가치에 대한 우리의 반응을 토대로 발전해나간다.

이떤 가치는 명확한 과정을 통해 습득하게 된다. 예를 들어 신앙심 깊은 가정에서 자랐다면 부모에게 "네 이웃을 네 몸과 같이 사랑하라" 같은 성경 구절을 들으며 타인을 향한 배려를 교육받았을 수 있다. 운동팀에서 활동했다면 포기하고 싶을 때마다 "계속해!"라고 소리를 질러대는 감독에게서 인내의 가치를 배웠을 수도 있다.

미처 깨닫지 못하는 사이에 스며드는 가치도 있다. 나 역시 이런 과정을 통해 가족에게서 절약이라는 가치를 배웠다. 내 조부모는 신혼 시절 나치가 점령한 유럽에서 도망쳤다. 무일푼으로 뉴욕에 도착해 맨손으로 새로운 삶을 일궈야 했다. 한 푼도 허투루 쓰지 않고 낡은 보관용기부터 신문지, 알루미늄에 이르기까지 모두 재사용했다. 보수가 낮은 일을 오래 했는데도 무척 절약하며 살았기 때문에 내가 대학에 입학할 때 학비를 보태주실 수 있었다. 두 분이 내게 삶을 검소하게 살라고 말씀하시지는 않았지만 나는 두 분의 행동을 보며 그 메시지를 새겼다.

어떤 가치가 명확한 과정 없이 서서히 스며든 경우에는 그런 가치들이 얼마나, 왜 중요한지 항상 인지하지는 못할 수 있다. 우리가 가진 가치 일부를 의식 밖으로 밀어낸 탓에 자신이 어떤 가치를 지녔는지 명확하게 깨닫지 못할 수도 있다. 나는 융의 이론을 참고해 이런 가치에 그림자 가치shadow value라 이름 붙였다. 자랑스럽게 드러낼 수 있는 이상적 가치ideal value와 달리 그림자 가치는 인정하기 쉽지 않다. 심지어 타인이 아닌 자기 자신에게도 그 존재를 용납시키기 어렵다. 그림자 가치 자체를 부인하기 때문에 자신이 그림자 가치 때문에 갈등을 악화시키는 방식으로 말하고 행동하게 된다는 사실을 인지하지 못할 때가 많다.

그렇다면 우리는 무엇 때문에 자신의 일부를 그림자 속으로 밀어 넣는 것일까?

그림자 가치의 은밀한 활동

우리가 가치를 그림자 속으로 밀어 넣는 것은 가치에 대한 엇갈린 메시지 때문이다. 내 경우를 생각해보면, 내가 다닌 브롱크스의 공립학교에서는 다른 학생들과 치열하게 경쟁하는 학생들이 보상을 받았다. 우수한 마그넷 고등학교magnet high school(특화된 공립학교 – 옮긴이)에 입학하려면 14세 나이에 뉴욕시 학생 전체를 대상으로 하는 시험에서 최상위권의 성적을 얻어야 했다. 나는 시험에 합격하기로 마음먹었다. 원하는 학교에 입학한 뒤에는 열심히 공부해 뛰어난 성적을 내며 경쟁이 심해 힘든 시기도 견뎌냈다. 그로부터 몇 년이 흘러 투지 넘치는 브롱크스에서 멀리 떨어진 뉴잉글랜드 시립대학에 입학한 지 얼마 되지 않았을 무렵 한 영어 교수가 나를 따로 불러내 같은 수업을 듣는 교우들 사이에서 내가 지나치게 경쟁적으로 구는 것 같다고 이야기했다. 그 말에 나는 몹시 당황했다. 친구들과 잘 어울리고자 하는 마음이 필사적이었던 나는 경쟁을 좋아하는 본성을 숨기기 시작했다. 하지만 경쟁을 즐기는 것은 내가 타고난 성향 중 하나였다. 경쟁심이 있어 삶에 많은 도움이 되었을 뿐 아니라 오랫동안 꿈꿔온 학교에 잇달아 진학할 수 있었다.

그래서 어떻게 되었을까? 나는 줄곧 경쟁심을 숨겼다. 대학원 재학 시절에는 친구나 동료 들 몰래 국가 장학금을 신청했다. 누군가에게서 경쟁심이 강한 것 같다는 말을 들으면 공격당한 듯한 기분이 들었다. 너무 당황스러워 어찌할 바를 몰랐고 창피스럽기도 했다. 그로부터 몇 년이 흐른 뒤 이것이 바로 내 감정을 자극하고 다른 사람들과의 갈등을 초래하는 그림자 가치라는 사실을 깨달았다.

하지만 가치를 그림자 속으로 밀어 넣도록 자극하는 사회적 메시지는 내가 너무 경쟁적이라고 지적한 교수의 노골적인 메시지처럼 명백하지 않은 경우가 많다. 내 동료 맥스는 세계적인 회사에 주니어 컨설턴트로 입사한 직후 많은 사람에게서 존경받는 파트너와 함께 잠재 고객을 만나러 갔었다. 맥스는 신나서 파트너에게 물었다. "우리가 그 비즈니스를 따냈나요?" 그러자 파트너는 이렇게 답했다. "우리는 비즈니스를 따낸 게 아니야. 고객을 모실 기회를 얻은 거지." 맥스는 이 말에서 판매 자체에 가치를 두는 일은 상스럽다는 메시지를 받았다. 그의 회사는 고객 서비스를 무엇보다 중요하게 여기는 곳이었다. 그 후 맥스는 거래 성사시키기를 좋아하는 본심을 감추려 최선을 다했고, 사내에서 고객 프레젠테이션이 지나치게 영업 중심적이라는 이야기를 들으면 비난받는 기분에 사로잡혀 당황했다.

누군가의 이상은 다른 누군가의 수치

우리는 대부분 그림자 가치를 부끄러워하는 마음 때문에 자신의 그림자 가치를 쉽게 인정하지 못한다. 역설적인 점은 사람마다 그림자 가치가 매우 다르고, 누군가에게는 분명히 '바람직해' 보이거나 이상적인 것처럼 보이는 가치가 다른 누군가에게는 그림자 가치가 될 수 있다는 것이다.

어떻게 누군가가 부끄러워하는 가치를 다른 누군가는 자랑스럽게 여길 수 있을까? 사회적 조건화social conditioning가 다르기 때문이다. 무엇이 용인되고 무엇이 용인되지 않는가에 관한 메시지는 가정, 공동체, 조직마다 다르다.

마샤라는 고객은 자신의 아버지가 그랬듯 업무 시간과 일정을 직접 정할 수 있는 권한을 매우 중요하게 여겼다. 마샤에게 독립성은 이상적인 가치이다. 반면 제이콥이라는 또 다른 고객은 모두 협력해서 일을 끝내야 한다는 노동 윤리를 지닌 대가족 환경에서 성장했다. 제이콥은 자신이 좋아하는 일을 하고 싶다고 은밀히 욕망했지만 독립성을 갈구하는 것은 이기적이라고 배웠다. 제이콥에게 독립성은 그림자 가치이다.

당신의 이상적 가치를 찾아라

당신을 괴롭히는 갈등 상황이 무엇이든 과거의 갈등 패턴을 파괴하려면 가장 먼저 자신의 가치가 무엇인지 파악해야 한다. 자신의 가치에 대해 생각해본 적 없거나 생각해본 지 오래되었다면 자신이 어떤 가치를 가졌는지 명확하게 표현하기 어렵다. 책 후반부에 가치 사전을 수록했으니 참고해보기 바란다. 세상에

존재하는 모든 가치를 담지는 못했지만 매우 효과적일 것이다.[1]

우리가 하는 훈련은 지적이지만 감정적이기도 하다. 그러니 직감을 따르면 된다. 자신의 갈등 상황을 염두에 두고 가치 사전을 훑어보며 가장 와닿는 이상적인 가치 열 개를 찾아 표시해두자. 이상적 가치란 자신이 중요하게 여긴다고 자랑스레 이야기할 수 있는 가치이다. 가치 사전에는 일부러 다양한 종류의 가치를 포함시켰다. 종류가 많다고 해서 당황할 필요는 없다. 편안한 마음으로 수록된 단어를 훑어보면서 특히 와닿는 단어 옆에 표시하면 된다.

많은 사람이 그렇듯 가치를 고결하게 느껴 선택하기 어려울 수도 있다. 하지만 가치를 너무 많이 선택하면 도움이 되지 않기 때문에 가장 중요한 가치에 우선순위를 두어야 한다. 일단 이상적인 가치를 열 개 찾아냈다면 가장 중요한 가치를 두 개에서 여섯 개까지 골라 옆에 별표를 그려 넣으며 목록을 줄여보자. 워크숍에서 이 과정을 진행했을 때 참가자들이 이상적 가치를 찾아내는 데에는 대체로 15분이 채 걸리지 않았다.

당신의 그림자 가치를 찾아라

수많은 중역과 학생을 상대로 워크숍을 진행하면서 그림자 가치를 알아차리는 일이 특별히 어렵지는 않다는 사실을 깨달았다. 대부분 사람은 자신이 어떤 그림자 가치를 지녔는지 직감적으로 알고 있다. 그 가치를 쉽게 인정하지 못하고 주저하는 사람들 역시 자신의 그림자 가치가 무엇인지 알고 있는 경우가 많다.

실제로는 가치 있게 생각하지만 그렇다고 말하기는 쉽지 않은 가치가 무엇인지 생각해보자.

어떻게 해야 할지 모르겠다면 억울하게 누명을 쓴 듯한 기분이 들었던 순간을 떠올려보기 바란다. 지금껏 그림자 가치를 인정하지 않았다 하더라도 그림자 가치는 여전히 당신의 마음속에 있다. 그저 내면 깊은 곳에 감춰져 있을 뿐이다. 하지만 우리의 그림자 가치는 우리가 의도하지 않은 방식으로 말이나 행동을 통해 표출되는 경향이 있다. 이에 다른 사람들은 우리가 예상치 못했거나 환영하지 않는 방식으로 우리의 행동에 반응할 가능성이 크다. 심지어 무심결에 흘린 말이나 행동을 이유로 우리를 비난하기도 할 것이다.

나 역시 그랬다. 내가 너무 자기중심적이어서 전화를 받지 않는다고 엄마가 나를 비난한다고 느꼈다. 엄마가 노골적으로 그렇게 말한 적은 없었지만 엄마와 이야기하다 보면 그런 기분이 들었다. 엄마가 "하지만 넌 친구랑 통화할 시간은 있잖아!"라고 쏘아댈 때도 똑같이 느꼈다. 내가 어떤 가치를 지녔기에 그런 기분이 드는지 나 자신에게 물어보았다. 내게 자율적인 구석이 있어 나도 모르게 경계를 만들어냈고 나의 그런 행동이 엄마를 짜증 나게 했다는 사실을 인정할 수밖에 없었다. 바로 그거였다! 자율성. 나는 내가 원하는 방식대로 시간을 활용할 자유를 중요하게 여겼다. 하지만 다른 사람의 욕구와 선호도를 우선시해야 한다고 배워온 탓에 그 같은 사실을 편안하게 인정할 수 없었다.

아직도 당신이 특정한 그림자 가치를 중요하게 여긴다는 사실을 인정하기 힘들다면 어딘가에 당신과 똑같은 가치를 이상적이라 여기는 누군가가 있을 가능성이 크다는 사실을 기억하기 바란다. 당신의 그림자 가치를 다른 누군가가 이상적 가치로 여기는 것은 그 가치에 대해 당신과는 다른 메시지를 받았기 때문이다.

워크숍 참석자는 대체로 그림자 가치 한두 개를 쉽게 찾아낸다. 자신이 생각하는 상황과 가장 잘 어울려 보이는 가치 한두 개 옆에 체크 표시를 해보자.

자기 내면의 갈등

타인과의 갈등에서 벗어나려면 우리 내면에서 여러 가치가 어떻게 부딪히는지 알아차리는 일이 무엇보다 중요하다. 이런 내적 갈등 때문에 특정한 상황에서 자신이 무엇을 원하는지 명확하게 깨닫지 못하는 경우가 많다. 내가 무엇을 원하는지 명확하게 알지 못하면 타인이 무엇을 원하는지도 정확하게 파악할 수 없다. 무엇을 원하는지 스스로 알지 못하는데 다른 누군가가 어떻게 내게 내가 원하는 것을 줄 수 있겠는가! 자신이 무엇을 중요하게 여기는지 알고 있으면 상황에 대한 명확한 이해를 토대로 다른 사람들에게 진솔하게 약속하고 원하는 것을 솔직하게 요구해 생산적인 방향으로 나아갈 수 있다.

그림자 가치와 이상적 가치의 충돌

샐리가 급여 삭감을 거부하자 밥은 격분했다. 밥은 샐리가 회사의 실적보다는 자기 이익을 중시한다고 느꼈다. 두 사람의 우정을 서슴없이 망가뜨리고 밥과 벤처 캐피털리스트들의 관계가 나빠져도 괘념치 않을 만큼 자기 입장만 우선한다고 느꼈다.

샐리를 향한 호의와 신뢰가 사라지자 밥은 샐리를 완전히 무시하게 되었다. 두 사람은 몇 주 동안 거의 대화를 나누지 않았다. 둘의 관계가 나빠지자 회사도 커다란 대가를 치르게 되었다. 우선 고객 프로젝트를 효율적으로 진행하기 힘들어졌다. 또 크지도 않은 사무실 분위기가 매우 어색하고 불편해졌다. 두 사람의 관계가 악화되어 회사를 생산적으로 관리하기 힘들어지자 다른 직원들도 스트레스를 받았다.

상황이 걷잡을 수 없이 나빠져 밥은 샐리를 해고하는 것이 유일한 대안이라고 생각하는 지경에 다다랐다.

나는 밥에게 생각의 속도를 늦추고 잠깐 자신에게 집중해보라고 권했다. 밥이 가진 어떤 가치가 샐리와의 관계에 영향을 미쳤을까?

밥은 소프트웨어 개발 분야에서 '성장한' 자신의 배경을 되돌아보았다. 그러다 소프트웨어 개발 분야가 협력을 매우 중시한다는 사실을 깨달았다. 그 분야에서 오랫동안 일하면서 밥은 그 세계에서 성공하려면 협력적인 리더처럼 보여야 한다는 사실을 깨달았다. 그는 독선적인 성격을 타고난 데다 다른 사람들에게 지시를 내리고 싶어 하는 욕망이 컸지만 권위적으로 구는 것은 '쿨'하지 않다는 문화적 메시지를 신경 썼다. 협력이라는 이상적 가치를 중요하게 여기며 권위라는 가치는 그림자 속으로 밀어 넣었다. 하지만 밥은 CEO였고, 권위를 중요시하는 자신의 마음을 있는 그대로 받아들이지 않은 탓에 누군가가 자신의 권위를 존중하지 않는다고 느낄 때마다 (이 경우에는 연봉 재협상에 응하지 않는 샐리의 태도) 권위를 세우고 싶은 욕구가 어떻게든 드러났다. 대개 합리적이지 않은 일을 요구하고, 상대에게 소리를 질러대는 등 유익하지 않은 방식으로 분출되었다.

밥은 또 다른 그림자 가치가 자신과 샐리의 갈등에 더욱 불을 지피고 있다는 사실을 깨달았다. 밥 자신과 회사의 재정 건전성이 새로운 우선순위로 부상하고 있었다. 하지만 안정성을 향한 열망은 위험 감수라는 밥의 이상적 가치와 충돌했다. 밥의 머릿속에서는 항상 작은 목소리가 들려왔다. "넌 아버지와 형처럼 기업가 정신을 갖고 위험을 감수하는 사람이야. 재정 안정성 따위를 걱정해서는 안 돼." 안정성에 대한 걱정을 되도록 회피했기 때문에 밥은 재정 안정성 문제가 자신이 샐리에게 화를 내는 원인 중 하나라는 사실을 깨닫지 못했다. 다만 샐리가 욕심을 부리고 있으며 자신과 회사를 재정적으로 불안정한 상황으로 몰아넣고 있다고 여겼다.

사실 밥이 그랬듯 우리 역시 타인에게서 자신이 거부하는 바로 그 가치를 발견하게 될 수도 있다. 다시 말해 우리의 그림자 가치를 다른 사람들에게 투사하는 것이다. 투사란 자신이 감추고 싶은 그림자 측면을 부인하고 그 문제를 남의 탓으로 돌림으로써 자신을 지키려는 심리적 과정이다. 사람은 누구나 자랑스럽지 않은 그림자 측면과 거리를 두고 싶어 하며, 그림자 가치를 타인에게 투사하면 자신을 긍정적으로 바라볼 수 있다.

밥이 샐리를 욕심쟁이라고 여기는 것은 자신이 그동안 샐리와 같은 방식으로 행동해왔다는 사실을 외면하기 위한 한 가지 방법이다. 자신이 재정 안정성을 추구한다는 사실 자체가 불편하게 느껴졌던 밥은 이 같은 갈망을 그림자 속으로 밀어 넣고 자신의 그림자 가치를 샐리에게 투사했다.

이제 어떻게 해야 할까?

자신의 투사를 인정하라

당신이 자랑스럽게 여기지 않는 가치와 거리를 두기 위해 무의식적으로 다른 누군가에게 자신의 그림자 가치를 투사한 적 있는가?

물론 쉽지는 않았지만 밥은 샐리를 욕심쟁이라 부르면서 자신의 그림자 가치를 샐리에게 투사했을지도 모른다는 사실을 인정했다. 밥은 재정적인 안정성을 향한 자신의 갈망이 바람직하지 않을 수도 있다는 두려움에서 벗어나기 위해 샐리에게 자신의 감정을 덮어씌웠다는 사실을 깨달았다.

가치 충돌에 주목하라

그림자 가치와 이상적 가치는 동전의 양면과 같다. 우리는 이상적 가치를 공공연하게 인정하는 한편 이상적 가치와 본질적으로 긴장 관계를 이루는 그림자 가치를 남몰래 따른다. 성장 과정에서 우리 대부분은 이상적 가치를 따르면서 그림자 가치를 동시에 따를 수 없다는 사실을 배운다. 하지만 현실에서는 이상적 가치와 그림자 가치가 계속해서 서로 긴장 상태를 이룬다. 이런 상태가 아주 오랫동안 지속되는 경우도 많다.

이상적 가치와 그림자 가치의 충돌을 해결하려고 행동하기에 앞서 일단 이런 문제가 존재한다는 사실 자체에 관심을 가지면 도움이 된다.

밥의 경우를 생각해보면 밥은 권위라는 그림자 가치가 협력이라는 이상적 가치와 긴장 상태를 이루며, 재정적 안정성이라는 그림자 가치가 기업가 정신에 기반한 위험 감수라는 이상적 가치와 긴장 상태를 이룬다는 사실을 깨달았다.

둘 다/그리고를 찾아서

실제로는 서로 다른 누 가지를 시니는 것이 완벽하게 합리적인데도 우리는 흔히 가치가 상호 배타적이라고 생각하는 경향이 있다. 컨설팅 분야에서 일하는 나는 이를 '둘 다/그리고'both/and principle 원칙이라 부른다. 그렇다면 당신의 그림자 가치와 이상적 가치는 어떻게 공존할 수 있을까? 둘 다/그리고 원칙에 대해 설명을 들은 밥은 위험 감수와 재정적인 안정성에 대한 염려가 반드시 모순된다고 볼 필요는 없다는 사실을 인정했다. 또한 협력적인 리더가 되기 위해 권위에 대한 욕망을 완전히 부인할 필요가 없다는 점도 인정했다. 밥은 효과적이고 협력적인 리더가되려면 자신의 경계와 욕구뿐 아니라 타인의 경계와 욕구에 대해서도 분명하게 알고 있어야 한다는 사실을 깨달았다. 자신이 이미 기업가 정신과 재정적 안정성을 모두 중요하게 여기고 있으며 협력과 권위 둘 다 중시한다는 점도 알게 되었다.

당신의 그림자 가치를 존중하라

그림자 가치를 존중한다는 것은 그림자 가치의 존재를 인정하는 방식으로 생각하고 말하고 행동한다는 뜻이다. 그림자 가치를 존중하면 그림자 가치를 의식 영역으로 끌고 와 적절하게 대처할 수 있다. 나는 밥에게 자신이 지닌 개개의 그림자 가치를 존중하기 위해 어떻게 노력할 생각인지 한 가지씩 이야기해달라고 했다. 밥은 권위라는 자신의 그림자 가치를 존중하기 위해 샐리에게 원하는 것을 요구하기로 했다. 다시 말해 자신에게 예의 바르게 대하고 소리 지르지 말아달라고 이야기하기로 했다. 또한 재정적 안정성이라는 그림자 가치를 존중하기 위해 샐리와 회사의 재정 상태를 공유하고, 그녀의 급여 이야기와 함께 어떤 점 때문에 자신이 재정을 걱정하는지 알리는 한편 회사의 재정 건전성을 회복하기 위해 어떤 노력이 필요하다고 생각하는지 밝히기로 했다.

이상끼리의 충돌

우리가 신봉하는 이상적 가치가 충돌해 생긴 갈등에 대처하는 일 역시 쉽지 않다. 우리가 자랑스럽게 여기는 두 개 이상의 가치가 서로 충돌하는 것처럼 느껴질 때 이런 일이 벌어진다.

워크숍에 참석한 마야라는 학생이 겪은 일을 생각해보자. 마야는 매년 12월 크리스마스 연휴 즈음 남편과 다투곤 했다. 두 사람은 모두 독실한 힌두교 신자였다. 하지만 마야의 시가에는 크리스마스를 기념하는 가풍이 있었다. 힌두교와는 무관한 기념일을 축하하는 일이 힌두교도에게는 적절하지 않다는 생각 때문에 마야는 시가의 그런 가풍을 편안하게 받아들일 수 없었다. 만약 남편의 가족이 기독교를 믿는 집안이며 마야를 초대해 함께 크리스마스를 즐기자고 한다면 아무런 문제가 되지 않을 것 같았다. 하지만 실상은 그렇지 않았다. 마야는 매년 크리스마스가 다가올 때마다 크리스마스 식사를 대접하고 못마땅해할지, 아니면 식사 대접을 거부하고 가족들을 화나게 할지 선택해야 했다. 어느 쪽을 택하든 마야의 행동은 엄청난 분란을 초래했으며, 마야의 남편은 아내와 부모 사이에서 평화를 지켜내려고 애써야 하는 곤란한 입장에 처할 수밖에 없었다.

어떻게 해야 할까?

내적 긴장에 주목하라

내적인 긴장을 인정하면 어려움을 해결하는 데 도움이 된다. 자신의 이상적 가치가 무엇인지 알게 된 마야는 진정성authenticity이라는 가치가 자신의 또 다른 가치 중 하나인 사랑을 퇴색시킨다는 사실을 깨달았다. 마야는 자신이 원하는 방식대로 행동하는 사람뿐 아니라 그렇지 않은 사람까지 모두 사랑하는 마음으로 대하고 싶어 했다. 그래서 크리스마스 식사 대접을 거부하면 시

부모를 매우 사랑하는 마음으로 대하지 않는 것처럼 느껴진다는 점을 알았다. 마야는 결국 서로 대립하는 것처럼 느껴지는 자신의 이상적 가치들로 인해 자신과 남편, 시부모 사이에 갈등이 생겼다는 사실을 인정하게 되었다.

둘 다/그리고를 찾아서

마야는 뿌리를 향한 진정성을 잃지 않으면서도 남편과 시부모에게 사랑을 표현할 방법이 없을지 자문했다. 남편과 남편의 가족에게 중요한 의미가 있는 기념일을 함께 보내며 힌두교의 유산을 함께 기리는 것도 좋은 방법이 될 것이라 생각했다.

가치와 행동의 격차를 메워라

행동이 가치와 항상 일치하지는 않는다. 이 같은 사실을 인정하기 쉽지 않을 수도 있다. 마야는 사랑이 자신의 이상적 가치 중 하나인데도 남편의 가족들을 그다지 사랑하는 마음으로 대하지 않았다는 점을 깨닫고 움찔했다. 사랑이라는 자신의 이상적 가치와 남편 가족들에 대한 행동의 격차를 깨닫자 이 둘을 일치시켜야 한다고 생각했다.

마야는 행동으로 사랑을 표현하며, 즉 크리스마스 식사를 대접함으로써 둘의 격차를 메웠다. 또 종교적인 진정성을 향한 책무를 다하기 위해 남편과 함께 크리스마스 식사에 힌두교 음식도 추가했다. 마야와 가족들은 사랑을 상징하는 힌두교 여신상이 꼭대기에 얹힌 크리스마스트리 앞에서 사진을 찍으며 크리스마스 모임을 마무리했다.

나와 타인의 가치 충돌

자신의 이상적 가치와 그림자 가치를 인정하더라도 자신과 타인의 가치 사이에 존재하는 차이에 대처하기가 쉽지 않을 수도 있다. 하지만 이런 차이에 좀더 관심을 기울이면 갈등 패턴을 파괴할 수 있다.

이상적 가치의 충돌

나의 이상적 가치가 타인의 이상적 가치와 대립할 때 가치 충돌이 가장 명확하게 드러난다. 낙태, 총기 규제, 사형, 동성 결혼 등 오랫동안 의견이 양극단으로 나뉘어온 문제에서 이런 충돌이 두드러진다. 반드시 상대를 설득해야 한다는 도덕적 의무감을 느낄 때 이상적 가치 충돌이 심각해질 수 있다.

비단 사회 문제 영역에서만 이상적 가치가 충돌하는 것은 아니다. 나이, 성별, 인종, 국적, 종교 등 정체성을 구성하는 요소가 다를 때 이상적 가치는 특히 극명하게 충돌한다. 일례로 세대별 가치가 다르면 특정한 세대에 속하는 사람에게는 옳게 느껴지는 행동이 다른 세대 사람에게는 그르게 느껴질 수도 있다.

직장에서 흔히 발생하는 밀레니얼 세대와 베이비 붐 세대의 갈등을 떠올려보자. 직장에서 밀레니얼 세대의 직위가 높아지고[2] 밀레니얼 세대의 숫자가 베이비 붐 세대 수를 넘어서자 어느 쪽 가치를 우선시할 것인가를 둘러싸고 힘의 역학이 달라졌다. 한 영향력 있는 대규모 스타트업에서는 업무 과정을 두고 양극단으로 나뉘어 논쟁한 탓에 두 중역이 곤경에 처했다. 해당 부서 부서장은 문제를 해결하는 데 외부의 조언이 필요하다고 판단하고 내게 도움을 요청했다.

두 중역 중 한 사람은 29세였고, 다른 한 사람은 55세였다. 나이가 많은 중역은 젊은 중역의 업무 처리가 너무 빠르고 속도를 중시하느라 핵심적인 업무 과정을 건너뛴다고 여겼다. 반대로 젊은 중역은 나이 많은 중역의 업무 속도가 너무 느리며, 그의 요구에 따라 모든 세부사항에 관심을 기울이면 프로젝트가 실패하고 말 거라 생각했다. 두 사람의 갈등은 회사 곳곳에서 나타나는 세대 간 갈등과 일맥상통했다. 사실 이미 회사 전반에서 세대 갈등이 나타나고 있었지만 두 사람 사이의 갈등이 특히 심각했다. 나는 부서장에게 이 문제를 제대로 해결하고 싶다면 회사 고위급 간부들과 이 문제에 관해 이야기 나눠보는 것이 좋겠다고 조언했다. 하지만 해당 부서의 부서장에게서 이 사실을 보고 받은 30세 CEO는 나이 많은 중역을 재빨리 해고했다. 이 같은 결정을 지켜본 나머지 직원들은 회사가 젊은 중역의 관점, 즉 명확성과 비즈니스 프로토콜이 훼손되더라도 속도를 최우선한다는 관점을 지지하는 것으로 받아들였다.

나이를 비롯한 수많은 특징을 토대로 하는 이상적 가치의 차이를 고려해볼 때 이처럼 얽히고실긴 딜레마를 해결할 수 있는 최고의 방법은 무엇일까?

타인의 가치를 존중하라

타인의 가치를 존중한다는 것은 타인의 가치 자체와 그 가치를 가질 권리를 인정하는 방식으로 생각하거나 말하거나 행동한다는 뜻이다. 설사 그 가치를 선호하거나 찬성하지 않더라도 그렇다.

이렇게 해야 하는 현실적인 이유 한 가지는 정반대의 방식, 즉 그런 가치가 틀렸다고 상대를 설득하는 방식은 보통 효과가 없기 때문이다. 사회심리학자 클로드 스틸Claude Steele 박사는 자기가치 확인self-affirmation에 대한 선구적인 심리 연구[3]를 통해 다른 사람의 관점을 바꾸는 일은 거의 불가능하며, 자신이 신봉하는 가치와 밀접하게 관련된 문제에 대한 관점을 바꾸는 것은 특히 힘들다는 사실을 밝혔다. 또한 누군가가 자신이 믿는 가치에 직접 이의를 제기하면 대부분 사람이 자신의 관점에 좀더 단호

한 태도를 보인다는 점도 설명했다. 다른 사람의 가치를 바꾸려 애쓰기보다는 우리에게 자신이 원하는 가치를 따를 권리가 있듯 그들에게도 그럴 권리가 있다는 사실을 받아들이려 노력해야 한다.

둘 다/그리고를 찾아서

연령대가 다른 두 중역이 불화를 겪은 스타트업 CEO가 한쪽 의견을 지지하는 결정을 내리지 않고 속도라는 가치와 명확한 업무 과정이라는 가치를 모두 존중하는 방법을 찾으려 노력했더라면 어땠을까? 경쟁 우위의 측면에서는 여전히 속도가 더 중요할 수 있으나 중요성의 측면에서 생각해보면 명확한 업무 과정역시 속도보다 덜 중요한 가치가 아니라는 결론이 뒤따랐을 수있다. 서로 다른 두 가치를 모두 존중할 방법을 찾기 위해 노력해야 한다. 특히 둘 중 하나를 선택하는 일이 쉬워 보일 때 둘 모두 존중하려고 각별히 신경 써야 한다.

서로 겹치는 부분에 주목하라

자신이 가진 가치와 자신이 높이 평가하지 않는 타인의 가치 사이에 어떤 공통점이 있는지 살펴봐야 한다. 학생들에게 이런 기회를 주기 위해 나는 수업 시간에 대체로 의견이 극명하게 갈리는 사회 문제를 제시한 뒤 학생들에게 양쪽 입장에 찬성 발언을 하라고 요구한다. 활동에 참여한 많은 학생이 이 과정에서 각 입장의 토대가 되는 근본 가치가 서로 비슷하다는 사실을 깨닫는다. 그 순간 학생들은 놀라움을 감추지 못한다. 많은 사람이 그렇듯 다른 사람과 의견이 다르면, 특히 의견이 극명하게 갈리는 사회 문제나 윤리 문제에 대해 누군가와 의견이 다르면 그 사람과 자신의 핵심 가치가 일치하지 않는다고 가정하기 때문이다. 만날 때마다 늘 같은 문제로 언쟁을 벌이는 메리와 그녀의 삼촌 조를 생각해보자. 메리는 박해와 경제적 고난을 피해 고국을 떠날 수밖에 없는 국제 난민들에게 미국이 국경을 열어두어야 한다고 주장했다. 하지만 조는 국경을 열어두면 안보가 위협받으므로 오히려 더욱 철저히 통제해야 한다고 주장했다.

메리에게 어떤 이상적 가치 때문에 그렇게 주장하는지 물어보자 메리는 사회 정의와 자유, 탄압당하는 사람들에 대한 공감이라 답했다. 조의 이상적 가치는 무엇이냐는 물음에 메리는 미국인들의 안전과 자유에 대한 염려와 애국심인 것 같다고 답했다. 이 과정에서 메리는 자신과 삼촌이 가치를 표현하는 방식과 염려하는 대상 자체는 다를지언정 둘 다 자유와 타인을 배려하는 마음을 중시한다는 사실을 이해했다. 물론 근본적인 차이가 있기는 했지만 그들이 생각한 것보다 둘 사이에는 공통점이 많았다. 메리가 조에게 이 사실을 알리자 두 사람은 전과는 다른 관점에서 서로 이해하게 되었다. 그러자 예전보다 견디기 쉬운 방식으로 대화를 나누게 되었다.

근본적으로 의견이 다른 상대와 내가 같은 가치를 지녔다는 사실을 인정하는 일이 처음에는 불편할 수도 있다. 하지만 이 점을 인정하면 상대 입장에 훨씬 깊이 공감할 수 있다. 이런 노력은 처음 생각한 것과 달리 상대와 내가 많이 다르지 않다는 사실을 깨닫는 데 도움이 된다.

타인의 그림자 가치로 인한 갈등

타인의 그림자 가치는 제대로 인지하기 어려우며 잘못 해석하기도 쉽다. 물론 그림자 가치의 주인인 당사자 역시 그런 가치를 이해하거나 인정하지 못할 수도 있다. 그러니 타인의 가치를 오해하는 것은 전혀 놀라운 일이 아니다.

이런 일이 벌어지면 어떻게 해야 할까?

투사와 귀인 오류를 인정하라

타인이 어떤 그림자 가치를 지녔는지 모를 수도 있고 그 가치를 잘못 이해할 수도 있다. 사실 타인의 그림자 가치를 평가하는 일은 위험할 수 있다. 두 가지 심리적 편향 때문이다. 첫 번째 심리적 편향은 앞서 살펴본 투사이다. 자신의 그림자 측면을 타인에게 투사하는 경향은 자신이 더 나은 사람이라고 느끼고 싶은 마음에서 비롯한다. 인간은 자신이 지녔으나 좋아하지 않는 측면을 다른 사람들에게 투사한다. 이는 인간관계에 위험하게 작용할 수 있다. 자신이 선호하지 않는 면을 상대에게 투사하면 그를 좋아하기 힘들기 때문이다. 또 자신의 부정적인 측면을 드러내 놓고 공공연하게 상대에게 투사하면 그 역시 거부할 가능성이 크다.

근본 귀인 오류fundamental attribution error 역시 이런 문제에 영향을 미친다. 이는 타인의 행동은 성격 결함에서 비롯되었다고 여기고, 자신의 행동은 상황에서 비롯되었다고 여기는 오류이다. 근본 귀인 오류는 자신을 건강한 심리적 관점에서 바라보는 데 도움이 되지만 이로 인해 타인을 실제보다 부정적인 시선으로 바라보게 되기도 한다.

우리의 생각 자체가 온갖 편향으로 가득하다면 왜 타인의 가치를 평가해야 할까?

타인의 배경에 대해 얼마나 많이 아는지와 관계없이 어떤 요인이 그들의 세계관에 영향을 미쳤는지 발견할 수 있기 때문이다. 상대가 그 같은 사실을 인정하지 않더라도 그들의 세계관에 영향을 미친 요인을 찾아낼 수 있다. 물론 상대는 우리가 알아낸 요인들을 제대로 이해하려 하거나 고마워하거나 인정하지 않을 수 있지만 그 요인들은 상대의 행동 이유를 설명하는 데 도움이 될 수 있다.

상대가 특정한 방식으로 행동하는 이유를 찾아내면 상대의 입장에 더욱 공감하게 되며, 공감하는 마음이 생기면 갈등에서 벗어나는 데 도움이 된다. 시인 헨리 워즈워스 롱펠로Henry Wadsworth Longfellow가 썼듯 "적의 감춰진 역사를 알게 되면 모든 적대감을 누그러뜨리기에 충분할 정도의 슬픔과 고통을 그의 인생에서 찾아내게 될 것이다." 상대가 어떻게 살아왔는지 생각하면 갈등고리에서 벗어나는 데 도움이 된다.

간단히 말해 타인의 그림자 가치를 잘못 짐작하더라도 그 가치에 대해 고민함으로써 얻는 보상을 생각하면 위험을 감수할 만하다.

타인의 그림자 가치를 찾아라

상대가 실제로는 관심을 갖고 있을 수도 있지만 그렇다는 사실을 인정하고 싶어 하지 않는 가치가 무엇인지 생각해보는 것도 도움이 될 수 있다. 이를 위한 한 가지 방법은 정확하게 상대의 어떤 행동이 당신을 불편하게 만드는지 찾아낸 다음 그를 둘러싼 배경 중 어떤 부분이 그런 행동을 초래했는지 생각해보는 것이다.

샐리의 어떤 행동이 가장 거슬렸는지 질문하자 밥은 샐리의 탐욕이라고 답했다. 나는 밥에게 샐리가 그렇게 행동하는 이유를 찾아본 다음 샐리의 입장에서 상황을 생각해보라고 권했다. "먼저 샐리와 그녀의 배경에 대해 아는 점을 떠올려보세요. 샐리의 현재 상황은 물론 가족관계나 성장 배경에 대해 당신이 알고 있는 것들 말이에요. 그런 점들을 고려해볼 때 샐리가 왜 그렇게 생각하는 것 같나요?" 밥은 내 질문을 곰곰이 생각했다. 그는 어느 추운 겨울 중서부로 출장 갔던 일을 떠올렸다. 당시 샐리는 어릴 때 난방비를 제때 내지 못해 몇 차례 난방이 끊겼다는 이야기를 들려주었다. 밥은 샐리가 어린 시절을 넉넉지 못하게 보낸 탓에 재정 안정성을 걱정할 수도 있겠다고 생각했다. 밥은 "샐리가 두려워한다"라고 이야기했다. "샐리는 자신에게 필요한 것을 갖지 못할까 봐 걱정합니다." 물론 그렇다고 해서 샐리의 걱정이 과장되었다는 밥의 생각은 달라지지 않았지만 샐리가 고집불통처럼 행동하고 자신을 맹렬히 비난하는 것이 재정 안정성에 대한 두려움이 크기 때문이라는 점을 인정하게 되었다.

타인의 그림자 가치를 존중하라

이런 통찰력은 밥이 샐리와 생산적인 대화를 시작하는 데 도움이 되었다. 밥은 다음에 샐리와 대화하게 되면 미리 정해놓은 연봉 협상안을 샐리에게 강요하지 않기로 마음먹었다. 대신 샐리의 장기적인 요구를 반영한 연봉 협상안을 제시하겠다고 약속하며 대화를 시작하기로 했다. 샐리와 대화하는 모습을 상상해보니 재정적인 염려를 직접 털어놓기가 쉽지는 않겠지만 이런 대화를 나눈다는 일 자체가 샐리에게는 매우 의미 있을 듯했다. 새롭게 계획을 세우자 샐리와 어서 이야기해보고 싶다는 기대 감에 들떴다. 지난 몇 달 동안 두 사람의 관계를 망가뜨린 심리 적 정체 상태를 깨뜨린 엄청난 변화였다.

당신이 직접 해볼 차례이다

타인의 이상적 가치와 그림자 가치를 찾아라

계속해서 갈등 패턴을 파괴해나가려면 이 장 도입부에서 자신 의 이상적 가치와 그림자 가치를 찾아본 것처럼 타인의 가치가 무엇인지 발견해야 한다. 이런 과정은 지금껏 고려하지 않았던 상대의 관점과 행동에 대한 가능성을 찾아내 상대에게 공감하 는 데 크게 도움이 된다.

물론 직접 물어보지 않으면 상대의 가치가 무엇인지 확실하 게 알 수 없다. 또 상대가 자신의 가치를 의식하지 못할 수도 있 다. 이런 경우라면 설사 상대에게 질문하더라도 대답을 듣기 어 렵다. 앞서 설명했듯 투사와 근본 귀인 오류로 인해 타인의 가치 를 잘못 찾을 수도 있다. 하지만 수백 명의 고객과 학생을 컨설 팅해온 경험으로 미루어 보면 상대의 가치를 찾아내려고 노력한 만큼 커다란 보상이 뒤따를 가능성이 크므로 이 위험은 감수해볼 만하다. 위험을 낮추기 위해 이 책에 소개된 지시사항을 잘 따른다면 특히 그렇다.

먼저 무엇이 됐든 상대의 성장 배경과 관련된 점들을 생각해보자. 가령 부모, 친척, 교사, 친구, 감독 등 주변인들에게서 어떤 영향을 받았으며, 학교나 직장처럼 과거나 현재의 소속 집단에서 상대가 어떤 문화적 경험을 했는지 떠올려보면 도움이 된다. 상대가 주변인이나 주위 공동체로부터 받은 어떤 메시지가 현재 행동에 영향을 미쳤다고 보이는가? 생각하는 답을 적어보자.

이제 가치 사전을 훑어보면서 상대의 이상적 가치로 보이는 것을 두세 개 찾아 적어보자.

그런 다음 상대의 그림자 가치를 찾아보자. 자신이 가진 가치를 겉으로 드러내지 않고 그림자 속에 남겨두면 그 가치와 관련된 행동이 양극단을 오가게 된다. 내가 엄마를 대하는 태도도 그랬다. 엄마가 전화를 걸어올 때마다 나는 아예 받지 않고서 죄책감을 느끼거나 엄마가 끊고 싶어 할 때까지 하염없이 대화를 나누다 후회했다. 자율성이라는 가치가 그림자 속에 숨어 있어 내가 지닌 자율성이라는 가치를 존중하는 일은 고사하고 그 가치를 명확하게 표현할 줄도 몰랐다. 대신 전혀 쓸모없는 양극단의 방식으로 자율성을 표출했다.

상대의 그림자 가치를 찾아내기 쉽지 않다면 그가 그동안 어떤 행동을 했는지 기록한 다음 그 행동의 원인이 될 만한 그림자 가치를 적어보면 된다. 앞서 설명했듯 누군가의 그림자 가치가 다른 누군가의 이상적 가치일 수 있다. 우리가 자라면서 어떤 메시지를 받았으며 그 메시지를 어떻게 해석했는지에 따라 하나의 가치가 그림자 가치가 될 수도 있고 이상적 가치가 될 수도 있다. 아래 표 왼쪽 열에는 행동 방식(같은 가치에서 비롯되는 양극

상대의 행동에 대한 당신의 해석	상대가 갖고 있을 수 있는 그림자 가치
탐욕적 혹은 지나치게 너그러운 태도	재정 안정성
수동적 공격 성향 혹은 냉담한 태도	경쟁심
과도하게 권위적인 태도 혹은 나약함	권위
지나치게 통제하려 드는 태도 혹은 거리를 두는 태도	사랑
권력을 갈구하는 태도 혹은 권력에 무심한 태도	리더십
지위를 갈구하는 태도 혹은 지위에 무관심한 태도	인정
지나치게 의욕이 넘치는 태도 혹은 게으름	성취

| 특정한 행동을 초래할 가능성이 있는 그림자 가치 |

단의 행동)을, 오른쪽 열에는 그림자 가치를 적어두었다. 오른쪽 열에 있는 가치들은 왼쪽 열의 행동을 초래할 가능성이 있다.

가치 지도를 그려라

앞서 만들어둔 이상적 가치 목록과 그림자 가치 목록을 이용해 아래 표에 먼저 자신의 이상적 가치와 그림자 가치를 나열해보자.[4] 그런 다음 머리말에서 찾아낸 갈등 상황에 속한 다른 사람이나 그룹의 이상적 가치와 그림자 가치를 아래 칸에 적어보자.

	이상적 가치	그림자 가치
나		
상대방		

| 나와 상대방의 이상적 가치와 그림자 가치 |

표에 기록한 가치 중 같거나 비슷한 것이 있는가? 만약 그렇다면 그 가치에 원을 그리고 두 가치를 선으로 이어보자.

이제 서로 충돌하는 가치를 찾아 두 가치를 선으로 연결한 다음 선의 양 끝에 바깥으로 향하는 화살표를 그려 넣어 두 가치의 긴장 관계를 표현해보자. 두 가치가 심각한 긴장 관계에 놓인 경우 화살표를 더 진하고 두껍게 그리고, 긴장 상태가 심각하지 않은 경우에는 화살표를 작고 가늘게 그리면 도움이 된다.

네 칸에 표시된 가치들이 어떻게 겹치고 그 사이에 어떤 긴장 관계가 있는지 살펴보자. 다시 말해 자신의 이상적 가치와 그림자 가치가 어떻게 연결되어 있는지, 자신의 가치와 타인의 가치가 어떻게 겹치고 충돌하는지 살펴보자.

위 과정을 통해 어떤 점을 발견했는가? 당신의 이상적 가치와 그림자 가치 사이에 긴장이 존재하는가? 아니면 당신의 이상적 가치가 서로 충돌하는가? 이상적 가치나 그림자 가치 어느 쪽이든 당신의 가치와 타인의 가치가 충돌하는 부분이 있는가? 당신의 가치와 타인의 가치가 서로 겹치는 부분이 있는가? 그렇다면 어떤 부분인가?

위 과정을 통해 알아낸 가치가 충돌하거나 겹친다는 사실이 놀라운가?

그렇다면 어떻게 그런 반응을 보이게 되었는가?

당신의 그림자 가치를 존중하라

당신의 이상적 가치와 그림자 가치가 충돌한다는 사실을 깨달 았다면 지금 당신이 당면한 상황과 가장 관련 있어 보이는 그림 자 가치를 존중해보자. 그러려면 먼저 그 가치가 왜 그림자 가치 가 되었는지 생각해봐야 한다. 의식하지 못하는 사이 그 가치를 받아들인 탓에 그 사실 자체를 제대로 깨닫지 못했는가? 지금껏 살아오면서 받은 어떤 메시지 때문에 그 가치를 억누르게 된 것 같은가? 이 질문의 답을 찾는 데 시간을 많이 들일 필요는 없다. 많이 생각하면 엉뚱한 길로 들어서게 될 수도 있다. 그저 조용한 곳에 자리를 잡고 다음 질문을 읽은 다음 가장 먼저 생각나는 것 들을 적어보자.

► 언제, 어떻게 이 가치를 처음 발전시켰는가?
► 언제, 어떻게 이 가치가 바람직하지 않다고 처음 깨달았는가?
► 나의 이상적 가치 중 어떤 것이 이 그림자 가치와 충돌하는 가? 둘 다/그리고 원칙을 고려했을 때 나의 그림자 가치는 나 의 이상적 가치와 어떻게 공존하는가? 각 가치를 생각이나 말, 행동으로 표현하기 위해 어떤 방식을 활용하고 있는지 세 가지 이상 적어보자.
► 하나의 가치가 나머지 가치를 무효화하지 않는다는 사실을 인정할 수 있는가? 또 이미 살아오면서 두 가지를 동시에 표

출해왔다는 사실을 인정할 수 있는가?

▶ 그 가치에 대한 건설적인 생각, 말, 행동을 통해 나의 그림자 가치를 어떻게 존중할 수 있을까? 어떤 말이나 행동을 해야 할까?

이 질문에 대한 답을 모두 적어본 뒤, 나는 내가 혼자 있는 순간의 자율성을 사랑한다는 사실을 깨달았다. 어린 시절 어린아이나 사용할 수 있을 법한 조그마한 '책상' 앞에 놓인 작은 흔들의자에 혼자 앉아 즐거워했던 기억이 많다. 사실 책상이라고 해봐야 남동생과 같이 쓰던 방 한쪽 벽에 아버지가 설치해준 작은 선반에 불과했고, 그 선반조차도 반쯤 쓰고 남은 크레용, 반쯤 말라버린 마커, 그림물감으로 가득한 깡통과 할아버지가 공장에서 가져온 낡은 종이로 그득했다. 나는 그곳에 몇 시간씩 앉아 뭔가를 끼적이고, 그림을 그리고, 색칠하곤 했다. 부모님도 내가 그곳에 앉아 노는 것을 좋아했다. 부모님은 내가 그려내는 그림을 좋아하는 눈치였고, 나는 그곳에 앉아 마음대로 보내는 시간이 좋았다.

그렇다면 나는 언제부터 자율성이 괜찮지 않다고 느끼게 되었을까? 아마도 유치원에 들어가고 학교에 입학해 버스를 타고 등하교하며 학급이라는 공동체의 일원이 되어야 했을 때부터였던 것 같다. 다른 사람에게 친절해야 하고, 그들을 도와야 하고,

그들의 감정에 관심을 기울여야 한다는 문화적 메시지 역시 한 해 한 해 나이가 들어갈수록 자율성이라는 나의 가치를 그림자 속으로 밀어 넣는 데 틀림없이 일조했을 것이다. 물론 그 같은 문화적 메시지를 받아들이기도 전에 이미 자율성이 그림자 속으로 들어갔을 수도 있다.

나의 이상적 가치와 그림자 가치를 나란히 놓고 보니 자율성이라는 나의 그림자 가치가 사랑이라는 나의 이상적 가치와 긴장 관계를 이루는 듯했다. 예전에는 엄마와 나 모두 내가 시간을 지키지도 못하고 엄마에 대한 사랑도 표현할 수 없다고 여겼던 것 같다. 하지만 실제로는 전혀 그렇지 않았다. 나는 자율성을 향한 나의 욕구(사실 자율성은 어린 시절 행복한 가정에 보탬이 되는 구성원이라는 기분을 느끼게 해준 근간이었다)를 존중하면서도 엄마에게 사랑을 표현할 수 있다는 사실을 잘 알았다.

줄곧 이런 문제를 어떻게 해결해왔는지 나 자신에게 물었다. 그동안 나는 열심히 일하면서도 주말에는 부모님과 함께 시간을 보냈다. 혼자 재충전의 시간을 가지면서도 엄마에게 잊지 않고 사랑한다고 말했다. 매일 혼자 산책했으며, 자주 연락하지 않는다고 불평하는 엄마에게 이따금 전화도 걸었다. 예전에는 타인과 나의 경계가 내게 얼마나 중요한지 인정하지 못했다. 그런데도 자율성과 사랑을 동시에 표현할 수 있었다.

그날 나는 학생들 앞에서 엄마에게 사랑을 표현하는 일, 그리

고 내 시간을 지키기 위해 적절한 경계를 설정하는 일을 둘 다
해내겠다고 선언했다. 나는 내가 엄마에게 전화하기 좋은 시간,
엄마가 내게 전화해도 좋은 시간과 그렇지 않은 시간을 구체적
으로 정했다.

타인의 그림자 가치를 존중하라

이제 당신의 지도에 표시된 다른 누군가의 그림자 가치를 존중
해야 할 때이다. 그렇다면 그들의 그림자 가치 중 어떤 것을 존
중해야 할까?

이 가치가 그 사람의 그림자 가치가 된 이유가 무엇인지 생각
해봐야 한다. 정확하게 언제, 어떻게 상대가 이 가치를 지니게
되었는지 알아낼 길이 없을 수도 있다. 하지만 그런 부분을 그저
생각해보기만 해도 상대방에 대한 공감 능력을 높일 수 있다. 정
확한 사실을 알 수 없다 하더라도 상대방의 그림자 가치에 대해
생각해보면 도움이 된다. 만약 상대에 대해 잘 알고 있다면 다음
질문에 그럴듯하게 답하기가 얼마나 쉬운지 깨닫고 놀랄지도
모른다.

▶ 상대는 어떤 상황이나 메시지로 인해 이 가치를 갖게 되었
  을까?
▶ 상대는 어떤 상황이나 메시지로 인해 이 가치를 갖는 것이 옳

지 않다고 여기게 되었을까?

엄마의 가치에 대해 생각해보니 엄청난 깨달음의 순간이 찾아왔다. 엄마는 사랑과 친밀한 가족관계를 이상적인 가치로 느꼈다. 하지만 엄마가 사랑을 표현하는 어떤 방식이 그림자 속에 있을지도 모른다는 직감이 들었다. "전화 좀 자주 하렴"이라는 엄마의 말은 "나는 널 무척 사랑한단다. 하지만 네가 나를 사랑하지 않을까 봐 걱정돼"라는 마음을 표현하는 방식이었다.

그동안 엄마가 들려준 이야기를 떠올리며 엄마의 성장 환경을 생각해보다 그 배경이 미국 드라마 〈멋진 메이슬 부인〉The Marvelous Mrs. Maisel [5] 속 1950년대 뉴욕과 놀라울 정도로 비슷하다는 사실을 깨달았다. 당시 뉴욕에도 사랑이 있었지만 사람들은 사랑하는 마음을 항상 명확하게 표현하지는 못했다. 엄마가 어릴 때는 다른 사람을 놀리거나 비난하는 일조차 사랑을 표현하는 한 방법으로 여겨졌을지 모른다.

우리 두 사람 모두 사랑이라는 가치를 지녔지만 표현 방식이 다를 뿐이라 깨닫자 다시 엄마와 공통된 목적을 가진 듯한 기분이 들었다. 엄마가 쏟아내는 비난의 말이 고통스러웠지만 엄마의 비난 자체가 사랑에서 비롯되었다는 사실을 깨달았다. 엄마와 함께 틀림없이 이 문제를 해결해나갈 수 있을 것이었다.

마지막으로 생각이나 말, 행동을 통해 타인의 그림자 가치를 인정할 수 있는 건설적인 방법을 생각해보자. 상대에게 이런 마음을 직접 표현하는 대신 혼자서 해도 좋다.

나는 엄마가 나를 사랑한다는 사실을 잊지 않는 데 도움이 되는 실질적인 방법을 찾고 싶었다. 혼자서는 결코 해결하지 못했을 텐데 조교 카일렌의 아이디어로 기발한 방안을 마련했다. 카일렌은 내 휴대전화를 받아 들고서 연락처 목록을 열었다. 엄마 사진을 넣어야 할 자리는 텅 비어 있었다. 카일렌은 그 자리에 동그라미를 그린 다음 "엄마는 너를 사랑해"라고 적어 넣었다. 그로부터 몇 년이 흘렀지만 엄마에게 전화가 올 때마다 여전히 그 화면이 뜬다. 그 문구를 볼 때마다 내가 반드시 기억해야 할 사실, 즉 엄마가 내게 전화하는 유일한 이유는 엄마가 나를 사랑하기 때문이라는 사실을 떠올린다.

이상적 가치와 행동의 차이를 없애라

앞서 작성한 이상적 가치 목록을 살펴보면서 자신의 행동이 각 이상적 가치를 얼마나 잘 반영하는지 생각해보자. 당면한 상황에서 자신의 이상적 가치와 실제 행동 사이에 차이가 있는가? 그렇다면 어떤 행동이 둘의 차이를 없애는 데 도움이 될지 적어보자.

나는 사랑이라는 이상적 가치와 내 행동을 비교해본 뒤 그 사이에 커다란 차이가 있다는 사실을 깨닫고 당황했다. 사랑이 중요하다고 이야기하면서 정작 엄마에게 전화하지도 않고 엄마 전화를 받지도 않았다! 이런 행동에 사랑이라는 가치가 얼마나 배어 있는가? 이는 사랑이 담긴 행동이라고 볼 수 없다. 뿐만 아니라 엄마에게 나의 가치를 투사해왔다는 사실도 깨달았다. 나 역시 엄마에게 사랑을 제대로 표현하지 않으면서 내게 사랑을 표현하지 않는다고 엄마를 비난했다.

나의 사랑이라는 이상적 가치와 행동의 간극을 메우는 데 도움이 될 만한 행동이 무엇인지 생각해보았다. 엄마가 전화해왔을 때 응할 수 있도록 최선을 다하면 좋을 듯했다. 만약 연락받기 곤란한 상황이라면 언제쯤 통화하기 좋은지 문자 메시지라도 보내고, 거기에 더해 엄마에게 좀더 정기적으로 전화하면 좋을 것 같았다. 그래서 매주 수요일 출근 전 엄마와 통화하고 일요일 오전에는 아이들과 함께 전화하기로 했다.

가치를 어떻게 논할 것인가

당신이 선택한 상황과 관련 있는 다른 사람과 위 과정에서 얻은 통찰력에 대해 대화하고 싶을 수도 있다. 좋은 생각이다. 하지만 전속력으로 일을 진행하기 전에 그런 논의를 하는 것이 과연 도움이 될지, 만약 논의한다면 어떻게 하는 것이 좋을지 먼저 고민해봐야 한다. 이제 다음 지침을 읽어봐도 좋다. 하지만 6장에서 패턴 파괴 경로를 만든 뒤 가치에 대해 논의해보고 싶다면 그때 다시 이 지침을 참고하기 바란다.

준비성 테스트

가치에 대해 이야기하는 일이 쉽지 않을 수 있다. 특히 가치가 충돌하는 듯할 때는 이런 대화를 나누기가 더욱 힘들다. 가치를 언급했다가 괜히 지뢰밭에 걸어 들어간 꼴이 될 수도 있다. 자신에게 다음 질문을 던져보자.

반드시 필요한가

이 방법을 활용하도록 수백 명의 중역과 학생을 도왔던 그동안의 경험으로 미루어볼 때 대부분은 갈등에서 벗어나기 위해 반드시 다른 사람과 가치에 대해 터놓고 이야기할 필요가 없다. 상황에서 벗어나기 위해 반드시 필요한 것은 상황 자체를 바라보는 관점을 바꾸는 일이다. 앞서 소개한 자신과 타인의 가치를 존중하기 위한 훈련 기법을 활용하면 상대를 전혀 끌어들이지 않고도 갈등에서 벗어날 수 있다. 자신의 행동을 수정하는 일만으로도 상황을 바꾸는 데 충분해 보인다면 상대와 가치에 관해 이야기 나눌 필요가 없을 수 있다. 하지만 행동을 수정하면 상대가 무슨 일인지 궁금해할 가능성이 크므로 상대에게 변화의 이유를 설명하고 협조를 요청하는 쪽이 나을 수 있다. 관계가 매우 친밀해 상대와 대화를 나누면 도움이 될 것이라 생각할 수도 있다. 이런 경우라면 계속해서 다음 두 가지 질문에 답해보자.

친절하게 이야기할 준비가 되었는가

억울한 기분이 들거나 화가 날 때 가치에 관해 대화를 나누면 긴장 상태가 더욱 악화될 위험이 크다. 친절하게 이야기할 수 있는 상태가 되었다는 확신이 든다면 때가 되었다. 다음 질문으로 넘어가보자. 아직 확신하기 어렵다면 친구나 코치와 함께 역할을 정해 연습해보자. 몇 분 이상 공감하는 마음가짐을 유지할 수 있게 되었을 때 다시 자신에게 물어보자. "내가 지금 이 이야기를 친절하게 하고 있는가?" 그렇다면 갈등이 악화될 위험이 낮다. 하지만 이때 마지막으로 던져봐야 할 질문이 있다.

상대방이 이야기 나눌 준비가 되었는가

상대방이 이 주제에 대해 당신과 이야기를 나눌 준비가 얼마나 되어 있는 것 같은가? 이야기를 나누자고 제안했을 때 상대가 동의했다면 아마도 대화할 준비가 되어 있을 것이다. 만약 그렇지 않다면 지금 당장은 대화하지 말라고 경고하고 싶다. 상대가 준비되지 않은 것 같다면 며칠이나 몇 주 뒤 상대에게서 대화할 준비가 되었다는 명확한 신호를 다시 확인해야 한다. 어느 쪽이든 어느 순간이 되면 대화를 요청해야 할 수도 있다. 구체적인 접근 방법은 3부에서 살펴보자.

경고: 1장을 읽으면서 자신이 갈등 상황과 마주했을 때 회피하는 성향이라는 사실을 알게 된 분들이 주의할 내용이 한 가지 있다. 대화를 나눌 준비가 되었는지 점검하는 과정을 곤란한 상황에서 벗어나기 위한 핑곗거리로 삼아서는 안 된다! 갈등에서 벗어나고 싶다면 주요 갈등 습관에 더 이상 빠져들지 않는 것이 무엇보다 중요하다. 위험을 낮추고 싶다면 대화 자체를 피하기보다는 평소 편안하게 느끼는 상황에서 벗어나 아래에 소개된 비계scaffolding 전략을 활용해보자.

비계를 만들어라

내 직장이 있는 뉴욕에서는 비계와 가림막[6]이 건물을 둘러친 모습을 흔히 볼 수 있다. 이런 장치는 노동자들이 구조물을 수리하는 도중 발생한 공사 잔해로부터 행인을 보호한다. 갈등 상황에 처했을 때 마음속에 비계를 세워두면 관계를 바로잡고 아무 탈

없이 갈등에서 벗어나는 데 도움이 된다.

먼저 상대방이 감정적으로 준비된 상태에서 대화에 임할 수 있도록 어떤 이야기를 할지 알리고 미리 대화를 요청해야 한다. 상대가 좋아할 만한 날짜나 시간을 제안해도 좋다. 그보다 좋은 방법은 상대에게 날짜와 시간을 정할 기회를 주는 것이다. 환경 역시 중요하다. 사려 깊은 대화를 나누려면 지금까지와는 다른 환경이 좋다. 새로운 환경이 의도적인 '경로 변화'를 뜻할 수 있기 때문이다. 자녀들이 잠자리에 든 뒤 평일 밤늦게 배우자와 싸우는 편이라면 주말 낮에 함께 자연을 거닐며 이야기하자고 제안해보자. 또 주로 회의실 테이블에 앉아 긴장 가득한 대화를 나눠왔다면 동료에게 점심이나 커피를 함께하자고 권하거나 회사 주위를 걷자고 권해보는 것도 좋다.

다음으로 이런 대화를 나누는 동안 어떻게 건설적이고 공감 가득한 태도를 유지할지 고민해야 한다. 가령 상대가 점점 스트레스를 받거나 화를 낼 경우 어떻게 평정심을 유지할지, 말을 꺼내기 전에 잠깐 멈추었다 시작하면 도움이 될지, 어떤 내용을 어떻게 전하려 했는지 잊지 않기 위해 미리 메모를 작성해 들고 대화하는 것이 좋을지 미리 생각해두는 쪽이 좋다.

이야기할 내용을 준비하라

마지막으로 대화 내용을 준비해야 한다. 자신과 상대의 가치 중 어떤 부분이 겹치는지 기억하고 상대와 자신의 공통점이라 여기는 부분을 강조하는 방식으로 대화를 시작하면 효과가 훌륭할 것이다. 곰곰이 생각했을 때 상대에게 당신의 생각을 전달해도 괜찮을 것 같다면 상대가 실제로는 X라는 가치(그 가치가 상대의 이상적 가치라고 생각할 수도 있고, 그림자 가치라고 생각할 수도 있다)를 중요하게 여길지도 모른다는 사실을 당신도 잘 알고 있다고 상대에게 알려도 좋다. 상대의 그림자 가치를 처음 언급하더라도 비난조의 어휘를 사용하지 않고 그 가치를 존중한다면 도움이 될 가능성이 크다. 밥과 샐리의 경우에서도 밥은 샐리에게 그녀의 장기적인 재정적 욕구를 틀림없이 고려하겠다고 이야기했다. 이런 이야기를 나누는 데 익숙하지 않은 샐리가 자신의 의견을 받아들일 수 있도록 밥은 샐리의 의견을 존중하는 방식으로 대화를 이어나갔다.

또한 당신의 가치 중 상대와 공유하기에 적절해 보이는 것이 있다면 상대에게 그 가치에 관해 이야기하는 것도 좋다. 상대가 당신의 가치에 동의하지 않는다면 상대에게 당신의 가치를 인정해달라고 요구할 수 있다. 하지만 당신이 옳다고 상대를 설득하는 것이 아니라 갈등에서 벗어나는 것이 목표라는 사실을 기억해야 한다.

대화를 나누다 보면 어느 순간 갈등 패턴에서 '벗어나는' 듯한 기분이 들 것이다. 그동안 끝없이 제자리에서 빙빙 도는 것처럼 느껴졌던 고리가 갑자기 깨진 것처럼 느껴질 수도 있다. 그러면 대화를 서서히 멈춰도 좋다. 이후로도 이 대화를 생각하면 당신이 지녔던 최선의 의도가 무엇인지 다시 한번 떠올릴 수 있을 것이다.

요약

▶ 우리가 타인 앞에서 자랑스럽게 드러낼 수 있는 이상적 가치와 달리 그림자 가치는 인정하기가 쉽지 않다. 심지어 다른 사람이 아닌 자기 자신에게조차 그 가치의 존재를 인정하기 어렵다. 그림자 가치 자체를 부인하기 때문에 갈등을 악화시키는 방식으로 말하고 행동하게 된다는 사실을 많은 사람이 인지하지 못한다.

▶ 이상적 가치와 그림자 가치는 사람마다 매우 다르다. 용인되는가 혹은 용인되지 않는가에 관한 메시지가 가정, 공동체, 조직마다 다르기 때문이다.

▶ 가치가 충돌하는 방식은 다양하다. 가장 흔한 방식은 자신의

이상적 가치와 타인의 이상적 가치가 충돌하는 것이다. 하지만 자신의 이상적 가치가 내면의 또 다른 이상적 가치와 충돌할 수도 있다. 자신의 그림자 가치가 이상적 가치와 충돌할 수도 있다. 이렇게 되면 의식적으로 무언가를 인식하지 못하고 행동한 탓에 타인의 오해를 살 수 있다. 다른 사람의 그림자 가치 역시 마찬가지이다. 그림자 가치를 인정하기가 쉽지 않기 때문에 그림자 가치 문제에 정면으로 대응하기 어려울 수 있다.

▶ 자신과 타인의 이상적 가치와 그림자 가치의 존재를 찾아내고 인정하려고 노력하는 것만으로도 갈등 패턴을 파괴하는 데 도움이 될 수 있다. 심지어 그런 가치를 선호하거나 지지하지 않더라도 가치의 존재를 찾아내고 인정하면 갈등을 해결하는 데 유용하다.

▶ 다른 사람이 지닌 그림자 가치에 대해 생각해보면 그 상대에게 더욱 공감할 수 있고, 상대에게 공감하는 마음이 생기면 갈등에서 벗어나는 데 도움이 될 가능성이 크다. 상대가 어떤 삶을 살아왔는지 생각해보면 갈등고리에서 벗어나는 데 효과적이다.

이상적 가치와 그림자 가치를 존중하라[7]

머리말 후반부에서 찾아낸 갈등 상황을 염두에 두고 다음 훈련을 해보자.

► 당신의 이상적 가치를 찾아내라. 가치 사전에서 당신의 이상적 가치, 즉 당신이 자랑스럽게 드러내는 가치를 찾아내라.

► 당신의 그림자 가치를 찾아내라. 가치 사전에서 당신의 그림자 가치, 즉 당신이 자랑스럽게 여기지 않는 가치를 찾아내라.

► 타인의 가치를 추정하라. 가치 사전에서 당신의 갈등 지도에 표시된 다른 사람이나 그룹의 이상적 가치와 그림자 가치를 찾아보자. 상대의 이상적 가치와 그림자 가치가 무엇인지 확실하게 알아낼 수는 없다. 하지만 최선을 다해 추측해보자. 이런 과정을 통해 상대에게 더욱 공감할 수 있다.

► 가치를 지도로 나타내라. 가치 지도에 당신이 찾아낸 모든 가치를 표시한 뒤 가치가 공통되는 부분(공통점)과 충돌하는 부분(차이점)에 주목하자. 원, 선, 색깔을 이용해 당신이 가진 여러 가치의 공통점과 차이점, 당신의 가치와 타인의 가치가 지닌 공통점과 차이점을 표시해보자.

► 당신의 그림자 가치를 존중하라. 당신이 당면한 상황과 가장 관련 있어 보이는 그림자 가치를 골라보자. 당신의 이상적 가치

중 어떤 가치가 문제 되는 그림자 가치와 충돌하는지 생각해보자. 둘 다/그리고 원칙을 고려할 때 그림자 가치가 이미 어떤 식으로 그 이상적 가치와 공존하고 있는가? 현재 생각이나 말, 행동으로 각 가치를 표출하기 위해 활용하고 있는 방법을 세 가지 이상 적어보자. 당신의 그림자 가치를 어떻게 존중할 것인가? 그림자 가치에 대해 생각하고, 이야기하고, 해당 가치에 따라 건설적으로 행동할 수 있는가? 약속을 지키겠다는 마음가짐을 잊지 않도록 관련 내용을 기록해두자.

▶ 투사를 인정하라. 당신의 그림자 가치를 타인에게 투사해왔을 가능성이 있는가? 만약 그렇다면 이제 자신을 위해 이런 가치를 존중할 수 있겠는가?

▶ 이상적 가치와 행동의 격차를 메워라. 당신이 처한 상황에서 당신의 행동이 당신이 지닌 이상적 가치를 각각 얼마나 잘 반영하고 있는지 생각해보자. 당면한 상황에서 당신의 이상적 가치와 당신이 보인 행동 사이에 차이가 있는가? 이상적 가치와 행동에 차이가 있다면 어떤 행동이 차이를 메우는 데 도움이 될지 적어보자.

▶ 타인의 그림자 가치를 존중하라. 상대의 그림자 가치 중 당신이 처한 상황과 관련 있을 법한 것을 선택하라. 상대는 무엇 때문에 이런 가치를 지니게 되었을까? 또 어떤 상황이나 메시지로 인해 그런 가치가 옳지 않다고 여기게 되었을까? 어떻게 하

면 건설적인 생각이나 말, 행동을 통해 상대의 그림자 가치를 인정할 수 있을까? 상대에게 이런 마음을 직접 표현하는 대신 혼자 생각해도 좋다.

Freeing Yourself from the Loop

3부

갈등고리에서
벗어나기

5장

이상적 미래를
상상하라

설사 '누가 이 싸움을 시작했는가?'라는 물음에 답할 수 있다
하더라도 이 질문이 '우리는 지금 어떻게 해야 하는가?'라는
문제에 대한 답을 찾는 데는 도움이 되지 않는다.

— 실비아 부어스타인

드디어 3부에 오신 것을 환영한다. 이제 갈등고리에서 벗어날
방법을 배울 때가 되었다.

1부와 2부에서는 잠깐 멈춰 서서 갈등 상황을 이해하고 과거
의 갈등 패턴을 깨는 방법을 소개했다. 하지만 모든 갈등고리에
는 강력한 자기 강화 효과가 있어 단순히 갈등 패턴을 깨는 것만
으로는 갈등고리에서 벗어나기 힘들다. 성공적으로 패턴을 깼다
하더라도 다시 기존 패턴으로 되돌아갈 가능성이 크다. 갈등고
리에서 벗어나려면 다른 무언가가 필요하다.

갈등고리에서 탈출하는 데 도움이 되는 두 가지 힘이 있다.

하나는 갈등고리 안에서 우리를 밖으로 밀어내는 힘이고, 다른 하나는 갈등고리 밖에서 우리를 끌어당기는 힘이다.

흔히 관찰되는 갈등고리에 빠져 있는 경우라면 두 가지 힘이 모두 필요하다.

갈등고리에서 빠져나올 수 있도록 갈등고리 밖에서 끌어당기는 힘이 바로 최적의 결과이다. 하지만 당신이 얻을 수 있는 최적의 결과가 무엇인지 아직 정확하게 알지 못하기 때문에 좀더 단순한 것에서 출발할 필요가 있다. 즉, 최적의 결과의 원형에서 출발하는 것이 좋다. 원형이란 디자인 사고design thinking에서 따온 개념으로, 한층 발달된 형태의 기본이 되는 예비 모델을 일컫는다.

앞서 설명했듯 이 책에서는 최적의 결과의 원형을 이상적 미래라 부른다. 이상적 미래란 최적의 미래가 어떤 모습일지 알려주는 일종의 '베타 버전'이다. 당신이 상상할 수 있는 최상의 상황이 반영될 때까지 원형을 개선해나가도록 8장에서 훈련할 예정이다. 물론 갈등 상황을 둘러싼 현실 관련 인물도 모두 고려할 것이다.

일단 지금은 자성으로 나침반 바늘을 북쪽으로 끌어당기는 북극처럼 당신의 이상적 미래가 당신이 상상하는 방향으로 당신을 끌어당길 것이다.

머리말에서 살펴봤듯 일부 갈등 상황이 해결되지 않는 이유

중 하나는 우리가 과거사에 지나치게 집중하고 비난의 대상을 찾는 데 혈안이 되어 있는 탓에(1장에서 살펴봤듯 그 대상은 우리 자신일 수도 있고 타인일 수도 있다) 미래에 어떤 일이 일어나기를 바라는지 생각하지 않기 때문이다. 또 미래에 어떤 일이 생기기를 바라는지 생각할 때조차 바람 자체가 모호할 뿐 아니라 미래의 일보다는 더 이상 일어나지 않기를 바라는 일에 집중하는 경향이 있다. 많은 사람이 한창 갈등이 벌어지고 있을 때 잔뜩 화내며 "이런 건 이제 그만하자고!"라거나 "더는 못 참겠어!"라고 소리를 질러댄다. 하지만 이런 표현들은 우리가 만들어나가고 싶어 하는 미래의 비전을 전혀 명확하게 보여주지 못한다.

자신이 무엇을 원하는지 알고 원하는 것을 얻을 방법을 생각해낼 수 있다 하더라도 갈등 상황이 반복되면 우리가 생각해낸 방법들로는 문제를 해결하기 힘들다. 해결되지 않는 갈등 상황을 떠올려보면 갈등의 굴레에 사로잡혀 꼼짝달싹 못 하는 것은 아이디어가 부족해서가 아니다. 십중팔구는 좋은 아이디어가 있는데도 갈등에서 벗어나지 못한다. 심지어 아주 좋은 아이디어가 있는 경우도 많다. 오히려 좋은 해결책이 될 가능성이 있는 수많은 방법을 모두 시도해봤지만 별달리 소득을 얻지 못해 결국 도움이 될 만한 방법이 모두 고갈되어 갈등에서 벗어나지 못하는 경우가 가장 많다.

우리는 합리적인 생각과 문제 해결을 넘어선 다른 이유 때문에 갈등 상황에서 벗어나지 못한다. 사실 받아들이기 힘든 감정과 뿌리 깊은 가치가 뒤섞인 복잡한 문제는 대부분 합리적으로 도출된 해결방안만으로는 풀기 쉽지 않다. 노벨상 수상 행동경제학자 대니얼 카너먼Daniel Kahneman은 이에 대해 이렇게 말한다. "우리는, 우리는 모두 우리가 실제보다 훨씬 합리적이라 생각한다. 우리는 어떤 결정을 내릴 만한 타당한 이유가 있기 때문에 우리가 그런 결정을 내린다고 생각한다. 사실은 전혀 그렇지 않을 때조차 그렇게 생각한다. 우리는 그런 이유를 믿는다. 이미 결정을 내렸기 때문이다. (…) 두려움, 애정, 증오 같은 감정들은 사람들이 합리성에서 멀어지는 이유를 대부분 설명해준다."[1] 핵심은 뿌리 깊은 감정이나 가치 때문에 문제가 발생했다면 합리성을 근거로 도출해낸 방안이 문제 해결에 도움 되지 않는다는 것이다. 문제에 내재한 감정적 요소나 무의식에서 비롯된 부분을 제대로 처리할 수 없기 때문이다.

여러분에게 브레인스토밍이나 문제 해결에 곧장 돌입할 것을 권하지 않는 것은 바로 이런 이유 때문이다.

나는 대신 상상력을 활용해보라고 권하고 싶다.

무엇이 당신을 진정으로 만족시킬 수 있을지 명확하게 알고 있어야 한다. 그래야만 목표를 달성하는 데 정확히 도움이 되는 행동을 할 수 있을 뿐 아니라 다른 사람들에게 분명히 무엇을 목표로 삼고 있는지 설명해 상대의 도움을 끌어낼 수 있다.

지금은 당면한 상황의 현실적인 문제를 지나치게 걱정하지 않아도 된다. 8장에서 우리가 떠올린 이상적 미래가 실현되도록 만들 것이다. 다시 말해 우리가 마주한 상황을 둘러싼 현실과 타인의 선호나 욕구에 관한 현실을 참작하게 할 것이다. 지금 당신이 해야 할 일은 당신이 갈망하는 미래를 되도록 자세히 상상하는 것이다.

모든 감각을 활용하라

경험하고 싶은 감정을 생생하게 느끼듯 이상적 미래를 명확하게 그려보고 싶다면 그 미래 속에 있을 때 어떻게 보이고, 어떤 맛이 나며, 어떤 냄새가 나고, 어떤 느낌이 들지 오감을 모두 이용해 상상해보자. 촉각과 감정의 측면을 모두 고려해야 한다.

이 과정을 진행하면 전통적으로 인간의 오감 중 단 두 가지, 즉 시각과 청각의 중요성을 강조해온 서구 문화와 부닥치게 될 것이다. 많은 사람이 그동안 시각과 청각에만 지나치게 의존해온 탓에 상상력을 최대한 발휘하지 못했다. 까다로운 갈등을 해결하는 데 남다른 실력을 자랑하는 전문가 존 폴 레더락John Paul Lederach은 저서 『도덕적 상상력: 평화 구축 기술과 영혼』*The Moral Imagination: The Art and Soul of Building Peace*에서 다음과 같이 기술했다.

"우리는 다소 의도적으로 두 가지 감각, 즉 청각과 시각을 부분적으로 활용해 우주를 평가하며, 이런 평가를 토대로 우주에 대한 인식과 이해를 발전시킨다. (…) 우리는 반드시 모든 감각을 제대로 활용해야 한다. 여기에는 언어의 세계도 포함되지만 거기에만 국한되는 것은 아니다."[2]

모든 감각을 충분히 활용할 수 있도록 눈을 감고 상상을 펼쳐보자. 미래에 무엇을 보고 듣고 싶은지 상상하는 데 그치지 말고 무엇을 맛보고, 만지고, 냄새 맡고 싶은지 생각해보고 어떤 감정을 경험하고 싶은지 떠올려보자. 미래가 도래하기도 전에 그날을 미리 경험하는 듯한 기분이 들 때까지 이 과정을 진행해야 한다.

"나에게는 꿈이 있습니다"

흑인 인권운동가 마틴 루서 킹 주니어 목사가 암살된 지도 50년이 넘었다. 킹 목사는 1963년 8월 28일, 링컨 기념관 앞에 서서 일자리와 자유 보장을 촉구하기 위해 워싱턴 행진에 집결한 20만 명 넘는 군중 앞에서 흑인의 인권을 요구했다. "나에게는 꿈이 있습니다"라는 이름으로 잘 알려진 이 연설[3]은 현대 역사상 가장 고무적이고 영향력 있는 연설 중 하나로 공인받는다.

그의 연설이 왜 그토록 마음을 사로잡는지 생각해본 적 있는가? "나에게는 꿈이 있습니다"라는 구절을 반복하며 청중의 관심과 흥미를 붙드는 웅변술 덕에 킹 목사의 연설이 그토록 놀라운 호소력을 발휘했다고 미국인 대부분이 초등학교에서 배운다.

하지만 그의 연설을 좀더 주의 깊게 들어보면 색다른 요소를 발견할 수 있다. 개인적으로는 그 특징 때문에 킹 목사의 연설이 한층 강력한 힘을 발휘했다고 생각한다. 킹 목사는 자신이 그려내고자 하는 이상적 미래를 사람들이 상상할 수 있도록 오감과 감정을 활용했다. 이런 기법을 사용하면 우리가 상상하는 미래가 지적 인식과는 다른 인식 차원에 등록되어 놀라운 위력이 발휘된다. 킹 목사는 연설로 이상적 미래를 그려 보일 뿐 아니라 그것을 노래하고, 느끼고, 만져보도록 하는 것은 물론 맛까지 보여준다. 킹 목사는 자신이 만들어내고자 하는 미래를 청중들이 상상할 수 있도록 다양한 단어를 사용한다. 풍경과 소리뿐 아니라 촉각도 묘사하며, 그가 제시하는 이상적 미래에 도달했을 때 우리가 맛보게 될 것에 대해 입맛을 돋운다. 이런 과정을 통해 그는 우리가 이미 그곳에 있는 듯 느끼게 한다.

"지금이 바로 이 나라를 인종차별이라는 모래밭에서 끄집어 내 형제애라는 단단한 바위 위에 올려 세워야 할 때입니다"라는 말을 예로 들어보자. 킹 목사는 "모래밭"에서 "단단한 바위"로 옮겨 가야 한다는 표현으로 우리 발아래 땅이 어떤 느낌일지 묘사함으로써 우리가 지금 서 있는 곳과 나아가고자 하는 지점을 구분한다.

"나에게는 한때 노예였던 부모를 둔 자식과 한때 노예의 주인이었던 부모를 둔 자식이 언젠가 조지아의 붉은 언덕 위 형제애로 가득한 식탁에 함께 둘러앉는 날이 오리라는 꿈이 있습니다"라는 표현은 킹 목사가 제안하는 이상적 미래에 벌어질 연회장의 음식을 맛보고 싶다는 욕구를 자극한다.

"나에게는 불의와 억압의 열기로 들끓는 미시시피주가 자유와 평등의 오아시스로 바뀔 것이라는 꿈이 있습니다"라는 말에서는 "억압의 열기"를 느끼고, 킹 목사가 제안하는 이상적 미래에서 오아시스의 차가운 물을 만졌을 때 경험할 안도감을 느끼게 한다.

그의 이상적인 미래에서 우리는 서로 손잡고 있는 아이들의 피부 감촉을 느낄 수 있다. "나에게는 (…) 언젠가는 저 앨라배마에서 흑인 소년 소녀들이 백인 소년 소녀들과 형제자매처럼 함께 손잡을 날이 올 것이라는 꿈이 있습니다."

"하나님의 모든 자녀가 새로운 의미로 '나의 조국은 자유의 땅, 나의 아버지가 돌아가신 땅, 개척자들의 자부심이 있는 땅, 모든 산자락에서 자유가 노래하게 하라'라고 노래할 날이 될 겁니다"라는 말에서는 노래의 선율과 자유의 종소리를 들을 수 있다.

이상적 미래를 상상하라

킹 목사는 "나에게는 꿈이 있습니다"라는 미래에 대한 성공적인 연설을 통해 영감을 불어넣는다. 하지만 이런 연설과 몽상은 백지 한 장 차이이다. 차이가 거의 없어 둘을 구분하기 힘들 수도 있다. 이상적 미래와 몽상을 구분할 유일한 방법은 먼저 자신이 무엇을 목표로 하는지 명료하게 이해하는 것이다.

지금은 실현 가능성에 대한 걱정은 내려놓고 이상적 미래를 상상하기만 하면 된다. 머지않아 실현 가능성 문제를 살펴볼 것이다.

밥이 상상한 이상적 미래는 두 부분으로 나뉘어 있었다. 먼저 밥은 자신과 CFO, 벤처 캐피털리스트, 샐리가 완전히 동의하는 연봉을 제안하는 모습을 상상했다. 샐리에게서 제안이 타당해 보인다고 들었을 때 찾아올 엄청난 기쁨이 고스란히 느껴졌다.

둘째, 밥은 샐리와 다시 좋은 시간을 보내는 순간을 상상했다. 두 사람이 가장 좋아하는 레스토랑 중 한 곳에 들어가 잠재 고객에게 저녁을 대접하며 함께 웃고 근사하게 식사하는 모습을 마음속에 그렸다. 레드 와인 향기와 요리사가 준비한 음식 맛이 느껴졌다. 힘든 시간을 함께 견뎌낸 뒤 서로 이해심과 신뢰가 한층 깊어진 관계를 상상했다. 저녁을 대접하는 고객에게 두 사람의 관계가 미칠 긍정적인 영향도 상상했다. 고객은 두 사람의 따뜻한 우정을 느낄 테고, 잠시 중단되었다가 새롭게 회복된 두 사람의 협동력 역시 그에게 도움이 될 터였다.

지난 몇 년 동안 학생들에게 수업 시간을 통해 해결하고 싶은 갈등을 선택하라고 했을 때 대부분 개인적인 갈등을 선택했다. 하지만 초기 수강생 중 개인적인 갈등을 선택한 사람은 많지 않았다. 카밀라라는 학생이 예외적으로 느껴진 것도 당연했다. 카밀라는 이탈리아계 대가족 출신이었다. 그녀의 친척은 모두 브루클린에 모여 서로 몇 블록 떨어진 거리에 살았다. 가족에 관해 이야기할 때면 카밀라의 얼굴에는 항상 미소가 떠올랐다. 카밀라의 가족은 분명히 그녀의 삶 구석구석에 깊이 개입되어 있었다. 그래서 뜻밖에 갈등이 발생하자 카밀라는 몹시 힘들어했다.

카밀라의 사촌 빈센트는 젊디젊은 나이 서른다섯에 아내 태미와 다섯 살 난 아들 딜런을 남겨둔 채 갑작스레 세상을 떠났다. 빈센트와 7년간 결혼생활을 하는 동안에도 껄끄러웠던 태미와 나머지 가족들의 관계는 빈센트의 충격적인 사망 이후 더욱 나빠졌다. 빈센트의 어머니는 딜런을 직접 키우겠다고 작정했다. 다른 가족과 친척 들은 태미가 혼자서도 얼마든지 아이를 키울 수 있다고 생각했지만 딜런이 자라는 모습을 가까이서 지켜보고 싶어 했다.

어느 쪽이 됐든 태미는 남편 쪽 가족들이 자신이 아들을 잘 키우지 못할 것이라 여긴다는 사실을 고통스러우리만치 잘 알았다. 자신을 향한 친척들의 적개심을 고작 다섯 살인 아들 딜런이 눈치채고 있다는 점도 알았다. 태미는 카밀라가 가족 안에서 비밀을 털어놓고 신뢰하는 유일한 사람이었다.

카밀라는 이런 상황이 너무도 슬펐으며 상황 자체에 압도당했다. 태미와 나머지 가족 사이에서 이러지도 저러지도 못했다. 특히 태미의 시어머니이기도 한 자신의 이모와 태미 사이에 끼어 진퇴양난에 처한 기분이었다. 하지만 카밀라는 태미와의 긴밀한 관계를 활용해 상황을 더 나은 쪽으로 변화시킬 특별한 기회가 있다는 사실을 깨달았다. 그녀는 모든 가족을 위해 한층 나은 미래를 상상해보라는 나의 제안을 진지하게 받아들였다.

카밀라는 이상적 미래를 상상하기 전에 앞서 훈련한 내용을 모두 다시 살폈다. 가장 먼저 이모와 태미부터 갈등 지도화 작업을 시작했다. 얼마 지나지 않아 카밀라는 갈등의 범위가 생각보다 넓다는 사실을 깨달았다. 모든 친척이 갈등에 관계되었으며, 서로 매우 가깝고 자주 만나 온갖 대화를 나누는 세 이모와 카밀라의 엄마가 특히 갈등과 깊이 관련되어 있었다.

카밀라는 가치 훈련으로 가족 구성원 상당수가 자신들과 태미의 가치가 충돌한다고 여긴다는 점을 발견했다. 카밀라의 가족과 친척들은 자신들이 이탈리아의 전통 가치를 따르는 반면 태미는 현대적인 미국 문화를 좇는다고 여겼다.

하지만 태미와 가깝게 지내온 카밀라는 비록 겉보기에 항상 그렇지는 않았을지라도 실제로는 태미 역시 다른 가족들과 마찬가지로 전통이라는 가치를 존중한다는 사실을 잘 알았다.

그뿐 아니라 가족들은 표면적으로는 사랑을 중시하면서도 태미에게는 사랑하는 태도를 그다지 보이지 않았다. 게다가 딜런을 도우려는 가족들의 노력은 오히려 아이를 더욱 고통스럽게 만들었다. 가족들은 슬픔에 사로잡혀 있었으며, 어쩌면 그래서 최선의 모습을 보여주지 못하는지도 몰랐다. 카밀라는 가족들이 중시하는 사랑이라는 가치와 그들 행동 사이의 차이를 발견했다.

과거를 좀더 명확히 이해하게 된 카밀라는 자신의 가족 모두를 위한 이상적 미래를 상상했다. 카밀라가 기술한 미래는 다음과 같았다.

나는 가족들이 서로 보살피는 공동체가 발달하는 미래를 상상한다. 자녀들을 품행 바르고, 온 가족이 따르는 가치를 존중하며, 서로 유대감을 느끼는 아이로 키우고 싶다는 공통된 관심사에 대해 태미와 이모, 엄마, 가족 내 다른 어머니들이 이야기 나누는 소리를 듣는다. 이 과정으로 그들은 서로 더 잘 이해하게 될 것이다.

딜런과 그의 사촌들이 함께 뛰어놀고 있다. 태미와 다른 어머니들은 아이들이 앞으로도 친하게 지내면서 가족 전통을 이어갈 것이라 믿으며 그 모습을 바라본다. 주방 스토브에서는 음식 냄새가 향긋하게 풍기고, 식탁에 앉아 가족을 위해 감사 기도를 드리며 맞잡은 이모와 태미의 손에서 전해지는 온기를 느낀다.

이상적 미래를 구체적으로 상상하라

6장에서 자신이 상상한 미래로 이어지는 패턴 파괴 경로를 설계하려면 이상적 미래를 좀더 구체적으로 상상해야 한다. 다시 말해 카밀라가 그랬듯 미래에 일어나기를 바라는 일에 관한 세부 사항들을 상상해보면 좋다.

카밀라는 가족 간의 역학 관계에 영향을 미치려면 결국 태미를 가장 경계하는 가족 구성원들과 진솔하게 대화할 수밖에 없다고 믿었다. 먼저 그들의 이야기에 귀 기울인 다음 그들이 우려하는 바를 직접 태미와 차분하게 이야기해보도록 도와야 했다.

하지만 당장 그런 방법을 활용한다면 이미 격렬한 감정으로 가득한 상황을 지나치게 파고들게 될 것 같았다. 그래서 카밀라는 바로 대화를 시도하는 대신 태미와 딜런을 포함한 모든 친척이 한자리에 모여 함께 요리하는 모습을 상상했다.

추수감사절이 다가오고 있었고 카밀라의 가족에게는 다 함께 명절 식사를 즐기는 전통이 있었다. 카밀라는 오감과 감정을 총동원해 가족이 모두 모인 순간을 상상했다. 주방에서 풍기는 수프 냄새와 모든 엄마와 아이를 감싼 동지애가 느껴졌다. 가족들은 요리하는 사이사이 서로 껴안으며 상대의 온기를 느꼈다. 카밀라 가족의 역할을 변화시키려면 바로 그것이 필요했다.

이상적 미래에 대해 적거나 그리거나 녹음하라

마틴 루서 킹 주니어 목사가 제시한 미래상을 군중이 받아들일 수 있었던 것은 그가 공들여 미래를 상상했을 뿐 아니라 자신이 상상한 모습을 말로 표현했기 때문이다.

이상적인 미래를 구체적으로 상상했다면 당신이 그린 이상적 미래 속에 존재할 것이라 상상하는 그림과 소리, 느낌, 맛, 냄새를 적거나, 그리거나, 색칠하거나, 콜라주로 만들거나, 녹음하거나, 녹화하거나, 기록해야 한다.

카밀라는 수업 과제를 위해 자신이 상상하는 미래를 묘사하는 보고서를 작성했다. 자신이 상상하는 미래를 적어 내려가자 어떤 일이 일어나기를 바라는지 한층 명확히 이해하게 되었다.

연구에 따르면 카밀라가 미래에 무엇을 만지고, 맛보고, 냄새 맡고, 어떤 감정을 경험하고 싶은지를 비롯해 자신이 상상하는 미래를 공들여 기록했기 때문에 단순히 "나는 모두 서로 사랑하

기를 원해"라고 말했을 때보다 상상한 미래가 현실이 될 가능성
이 커졌다.

설사 카밀라의 이상적 미래가 실현 가능하지 않았다 하더라
도 자신이 무엇을 원하는지 명확하게 이해하는 데는 도움이 되
었다. 역설적이게도 카밀라는 자신이 원하는 것이 무엇인지 찾
아내고 나서야 목표의 실현 가능 여부를 깨달을 수 있었다.

당신이 "나에게는 꿈이 있습니다" 연설은 무엇인가?

이상적 미래를 알려라

이상적 미래가 실현될 수 있도록 당신이 꿈꾸는 이상적 미래를
되도록 생생하게 상상하고 기록했다면 그 상황과 관련된 다른
사람들에게 그에 대해 알려야 할지도 모른다. 카밀라는 엄마와
이모들, 그리고 태미에게 자신의 생각을 알리고 그들의 협조를
요청하지 않으면 자신의 이상적 미래가 실현될 가능성이 없다
는 사실을 깨달았다. 마찬가지로 밥은 샐리에게 만남을 요청하
지 않으면 자신의 이상적 미래가 실현될 수 없다는 점을 알았다.

하지만 가치에 대해 대화하기 쉽지 않듯 이상적 미래에 대해
논하는 일 역시 어렵다. 상대와 이상적 미래에 대해 이야기할 때
도움이 될 만한 몇 가지 내용을 소개한다.

▶ 간단하게 말하라. 당신이 이상적 미래를 상상하게 된 배경에 대해 구구절절 늘어놓으면 도움이 되지도 않으며 그럴 필요도 없다. 그들이 알아야 할 것은 '왜'나 '어떻게'가 아니라 '무엇'뿐이다. 다시 말해 당신이 일어나기를 바라는 미래가 '무엇'인지 알리면 그것으로 충분하다. 마틴 루서 킹 목사의 연설은 17분에 불과했지만 그 영향력은 엄청났다.

▶ 얼마나 많이 밝힐지 생각하라. 상대에게 당신의 이상적 미래에 관해 이야기를 꺼냈다가 오히려 역효과가 나타나거나 당신이 기대한 것과 정반대의 결과가 나타날 가능성이 있다고 생각한다면 당신의 이상적 미래에 대해 얼마나 이야기하는 것이 좋을지 생각하라. 언제든지 처음에는 약간만 공유했다가 차후 좀더 전달할 수도 있다.

지금까지 당신의 목표가 무엇인지 충분히 고민했으니 어떻게 그 목표에 도달할 수 있을지 6~8장에서 살펴보자. 이상적 미래를 공유하고 싶은 사람이 있다면 어떻게 공유해야 원하는 효과를 얻을 수 있을지 6장과 7장에서 알아보자.

▶ 갈등이 반복되면 사람들은 과거에 어떤 일이 있었으며 누구를 비난해야 하는지 찾아내는 데 집중한다. 자신이 정말 무엇을 원하는지 내다보려면 특별한 노력이 필요하다.

▶ 뿌리 깊은 감정과 이미 확고하게 자리 잡은 가치로 인해 갈등이 되풀이되는 상황이라면 합리적인 방안으로는 갈등을 제대로 해결하기 어려울 때가 많다.

▶ 이런 갈등을 해결하려면 상상력을 활용해야 한다. 오감과 감정을 총동원해 당신이 만들어내고 싶은 미래를 상상해야 한다.

▶ 미래에 보고 듣고 싶은 것뿐 아니라 맛보고, 만지고, 냄새 맡고, 경험하고 싶은 감정도 상상해야 한다. 실제로 미래를 미리 경험하는 느낌으로 이 과정을 진행한다.

▶ 당신의 상상을 현실로 바꾸는 데 다른 사람들을 참여시킬 수 있도록 당신이 상상하는 이상적 미래가 어떤 것인지 다른 사람들에게 알릴 준비를 하라.

이상적 미래를 상상하라[4]

► 상상하라. 잠깐 시간을 내어 당신의 이상적 미래를 되도록 생생하게 상상해보자. 오감과 감정을 총동원해 미래에 맞이할 수 있는 최선의 상황을 떠올려보자. 당장은 현실적인 제약을 염려할 필요가 없다는 사실을 기억하자. 현실적인 면은 8장에서 살펴볼 것이다. 지금은 앞서 익힌 내용을 토대로 이상적 미래를 상상하기만 하면 된다.

► 기록하라. 당신이 만들어낸 마틴 루서 킹 주니어 목사의 "나에게는 꿈이 있습니다" 연설은 어떤 것인가? 당신의 이상적 미래를 자세하게 상상했다면 당신의 이상적 미래 속에 존재할 듯한 이미지, 소리, 느낌, 맛, 냄새를 적고 콜라주로 만들거나 녹음 혹은 녹화해보자. 이런 과정을 거치면 얻고자 하는 목표를 기억하게 되며, 목표를 기억하면 희망한 미래가 실현될 가능성이 커진다.

► 알릴 준비를 하라. 당신의 이상적 미래를 다른 누군가와 공유하면 도움이 될 것 같은가? 혹은 다른 사람에게 이야기하면 오히려 이상적 미래를 실현하기 어려울 것 같은가? 당신의 이상적 미래를 공유하는 것이 옳다고 생각한다면 누구와 공유하는 것이 좋을까? 상대에게 어떻게 이야기할 것인가?

6장

패턴 파괴 경로를
설계하라

누군가의 주의를 끄는 가장 기본적인 방법은
패턴을 파괴하는 것이다.

— 댄 히스, 칩 히스

1장에서 어떤 갈등 습관들이 상호작용을 통해 우리를 갈등고리
속에 가두는 패턴을 만들어내는지 확인했다. 2장부터 4장까지
는 우리의 관점과 행동을 수정해 갈등 패턴을 파괴하는 방법을
배웠다.

하지만 모든 갈등고리에는 스스로 세력을 키워나가는 강력한
자기 강화 모멘텀self-reinforcing momentum이 있어 갈등고리를 군데
군데 파괴하는 것만으로는 거기에서 벗어날 수 없다. 갈등고리
에서 벗어나려면 고리 밖에서 끌어당기는 힘과 고리 안에서 밀
어내는 힘이 필요하다.

5장에서는 밖에서 끌어당기는 힘을 이용해 갈등고리에서 벗어날 수 있도록 이상적 미래의 원형을 만들어보았다. 6장에서는 갈등고리 안에서 '밀어내는' 힘을 이용해 갈등고리에서 빠져나올 수 있도록 패턴 파괴 경로를 설계하는 방법을 익힌다.

다시 말해 5장에서 미래에 어떤 일이 일어나기를 바라는지 상상력을 발휘해보았다면 이제 어떻게 그곳에 도달할 수 있을지, 즉 상상 속의 미래를 현실로 바꾸려면 실제로 무엇을 해야 할지 계획을 세울 때이다.

패턴 파괴 경로란 무엇인가

패턴 파괴 경로란 서로 연결된 일련의 행동 단계action step로, 이 순서를 따르면 갈등고리에서 벗어나 머릿속으로 상상해온 이상적인 미래에 가까워지는 데 도움이 된다.

패턴 파괴 경로라는 이름이 정확하게 시사하듯 6장에서는 패턴을 파괴할 것이다. 그렇다고 해서 고삐 풀린 망아지처럼 무턱대고 부수려 들어서는 안 된다. 무작정 패턴을 파괴하면 기존 상황 때문에 골머리를 앓는 데서 끝나지 않고 의도치 않은 또 다른 결과와도 마주하게 된다. 다짜고짜 패턴을 파괴하기보다는 갈등고리에서 벗어나기 위한 경로를 세심하게 설계해야 한다.

성공적인 패턴 파괴 경로는 세 가지 특징을 지닌다. 첫째, 지금껏 해온 것과는 놀라울 정도로 다른 무언가를 하기 위한 활동이 포함되어 있다. 둘째, 단순하다. 셋째, 각 행동 단계는 이전 행동 단계를 좀더 발전시킨 것이다.

버락 오바마Barack Obama 전 미 대통령은 다음에 소개된 인종 관련 문제에 직면했을 때 패턴 파괴 경로의 3대 특징을 실제 행동으로 보여주었다.[1]

2009년 7월, 아프리카와 아프리카계 미국인을 연구하는 하버드 대학교 허친스 연구 센터Hutchins Center for African and African American Research 소장 헨리 루이스 게이츠 주니어 박사Dr. Henry Louis Gates, Jr.는 해외여행에서 돌아왔다. 그가 자택으로 들어가려는데 대문이 열리지 않았다. 박사는 뒷문으로 집에 들어가 운전기사에게 바깥에서 대문을 함께 열어보자고 부탁했다. 문이 열리자 운전기사는 떠났고 게이츠 박사는 다시 집 안으로 들어갔다.

몇 분 뒤, 케임브리지 경찰 소속 제임스 크롤리James Crowley 경사가 이웃집에 도둑이 들었을지도 모른다는 동네 주민의 신고를 받고 게이츠 박사의 집에 도착했다. 경사는 게이츠 박사를 집 밖으로 불러냈고 두 사람 사이에 말이 오갔다. 대화 끝에 경사는 공무집행방해죄로 수갑을 채워 박사를 연행했다.

사건 발생 직후 게이츠 박사는 경찰이 자신을 무단 침입자로 여긴 것은 자신이 흑인이기 때문이라고 주장했다. 크롤리 경사는 그저 주어진 임무를 수행했을 뿐이고 박사가 공무집행을 방해하지 않았다면 체포라는 불상사가 일어나지 않았을 것이라며 입장을 굽히지 않았다. 며칠 뒤 게이츠 박사의 혐의는 모두 풀렸다. 하지만 당시 그의 체포 사건은 이미 미 전역에서 인종과 관련된 불안감을 자극하고 있었다. 『뉴욕타임스』*The New York Times*가 해당 사건 발생 이후 인종 문제 관련 기사가 수천 건 쏟아져 나왔다고 보도했을 정도였다.

설상가상으로 게이츠 박사 체포 사건과 아무런 관련이 없는 기자 회견장에서 오바마는 어느 기자에게서 해당 사건에 관해 질문받고 경찰이 "어리석게 행동했다"라고 답했다. 나중에 어휘를 잘못 선택했다고 사과하긴 했지만 오바마의 발언은 엄청난 파장을 불러일으켰다. 편파적인 태도를 보인다는 인상을 주었기 때문이다. 많은 미국인이 분노해 상황이 어떻게 전개될지 관심 깊게 지켜보았다.

이 상황에서 관찰된 갈등 패턴의 특징을 묘사한다면 비난-비난이라 할 수 있다. 크롤리 경사와 게이츠 교수 사이에서 오간 대화 내용을 보면 두 사람은 서로 비난하는 고리에 갇혀 있었다. 두 사람의 이야기가 대중에 공개되자 비난-비난 고리는 한층 강화되었다.

깜짝 놀랄 만큼 다른 일을 하라

미국 내에서 인종 문제를 더욱 악화시킬 가능성이 있는 상황에 휘말린 오바마 대통령은 패턴을 파괴하는 수를 뒀다. 오바마는 이미 시행된 적 있는 방안을 답습하지 않았다. 다시 말해 이미 진행 중인 다른 정책과 중복될 위험을 무릅써가며 인종 프로파일링 문제를 해결하기 위해 특별조사단을 꾸리지도 않았고, 마냥 손 놓고 문제가 곪아 터지도록 내버려두지도 않았다. 대신 오바마는 놀라운 일을 했다. 게이츠 박사와 크롤리 경사를 백악관으로 초대해 정원에서 맥주 회동을 가졌다.[2] 오바마는 이 회동이 두 사람과 맥주를 마시며 관계를 개선할 기회라고 선언했다. 오바마의 백악관 초청은 예기치 못했을 뿐 아니라 깜짝 놀랄 만한 일이었기에 갈등 패턴을 파괴하는 위력을 발휘할 수 있었다.

단순한 일을 하라

깜짝 놀랄 만큼 다른 일을 해야 할 뿐 아니라 당신의 패턴 파괴 경로를 구성하는 행동을 단순하게 유지하는 것도 중요하다. 행동이 단순할수록 당신의 행동이 어떤 영향을 미쳤는지 추적하기 쉬워지며 당신이 의도한 효과를 얻을 가능성이 커진다.

오바마는 장대한 제스처를 취할 수도 있었다. 가령 다른 정치 지도자들을 백악관에 초청해 미국의 인종 관계에 대해 논의하거나, 기자회견을 열어 언론인 수백 명이 질문을 퍼붓게 만들거나, 매사추세츠로 날아가 케임브리지 경찰 당국과 하버드 관계자들을 만나거나, 내각 구성원들에게 인종 관계에 대한 회담을 준비하라고 요청할 수 있었을 것이다. 하지만 그는 상대적으로 단순한 방법을 택했다. 문제의 당사자인 두 사람이 함께 맥주를 마시며 이야기 나눌 수 있도록 두 사람을 백악관으로 초대했다.

모임이 열린 뒤 기자들은 '맥주 회담'The Beer Summit이라는 표현을 사용했다. 하지만 오바마는 상황을 단순하게 만들고 싶다는 의도를 반복해 전달했다. 오바마는 『뉴욕타임스』와의 인터뷰에서 이렇게 이야기했다. "사람들이 이 만남을 맥주 회담이라고 부른다는 이야기를 들었습니다. 아주 기발한 표현입니다. 하지만 이건 회담이 아닙니다. 하루 일과를 끝낸 세 남자가 한자리에 모여 맥주를 마시는 것뿐입니다. 두 분이 서로의 이야기에 귀 기울이는 기회가 된다면 더 좋을 테고요."

우리의 행동이 의도치 않은 결과로 이어지지 않도록 예방하는 데 도움이 되는 또 다른 방법에 대해서는 7장에서 살펴볼 것이다. 우선 지금으로서는 되도록 단순하게 행동하는 것이 궁극적으로 갈등고리에서 탈출하는 데 도움이 되는 훌륭한 방법이다.

행동을 단계적으로 발전시켜라

오바마의 백악관 초청 자체는 단순하지만 오바마가 설계한 경로는 백악관 정원에서 마시는 맥주에서 출발하지 않았다는 점에 주목해야 한다. 사실 그날 행사는 갈등에 휘말린 두 당사자를 가족과 함께 초대해 두 가족을 따로 백악관을 구경시켜준 데서 시작했다. 두 남성이 백악관 정원에 마련된 테이블에 앉아 맥주를 마시고 프레첼을 먹으며 대화를 나눈 것은 그다음이었다.

경로 전체를 놓고 보면 백악관 구경 역시 진정한 출발점은 아니었다. 경로의 출발점은 두 당사자와 그들의 가족을 초청한 것이었다. 물론 갈등의 당사자들을 백악관에 초청한 행사 자체도 오바마가 자신이 기대하는 미래를 고민하고, 자신이 신뢰하는 고문들과 그 미래에 대해 논의하고, 그 모습을 현실로 만들기 위한 여러 단계를 발전시킨 데서 출발했다.

물론 그 경로는 미래로도 이어졌다. 그날 행사가 끝날 무렵 오바마는 게이츠 박사와 크롤리 경사가 조만간 둘이서 점심을 먹기로 약속했다는 이야기를 자신에게 들려주었다고 밝혔다.

백악관 모임 이후 게이츠 박사는 기자들에게 이렇게 이야기했다. "오바마 대통령은 우리가 둘 사이의 거리를 좁히고 미국 사회에 크게 기여할 수 있도록 도와주셨습니다. (…) 버락 오바마 대통령 외에 그 누구도 우리 두 사람을 한데 불러 모을 생각은 하지 못했을 겁니다. (…) 오바마 대통령은 훌륭했습니다. 매우 지혜롭고, 매우 현명했습니다."

게이츠 박사는 크롤리 경사와의 관계를 두고 농담도 했다.

"우리는 처음부터 죽이 잘 맞았습니다. 체포하려 들지만 않는다면 크롤리 경사는 아주 호감 가는 사람입니다."

요약하자면 오바마의 패턴 파괴 경로는 이전 행동과는 놀랄 만큼 다르지만 아주 단순하며 서로 연결된 행동 단계들로 이뤄져 있다. 상대적으로 사소한 행동(기존의 갈등 패턴을 돌아보고 계획을 세우는 행동, 함께 맥주를 마시자며 두 사람을 초대하는 행동)에서 출발해 그 여파가 좀더 광범위하게 느껴질 때까지(두 당사자와 그들의 가족을 함께 초대해 백악관을 구경시키는 행동, 야외에서 만남을 주선해 기자들에게 취재 기회를 주는 행동) 계속 발전해나간다. 행사가 끝날 무렵 크롤리 경사와 게이츠 박사는 둘의 관계를 매우 긍정적으로 느끼게 되었고, 따로 만나자고 약속하기까지 했다.

오바마의 노력 덕에 자칫 미국이라는 나라 전체를 뒤흔들 수도 있었을 법한 폭발력 강한 문제가 더 이상 악화되지 않고 당사자 간의 치유로 이어지는 새로운 경로가 탄생했다. 그뿐 아니라 미국 국민들이 백악관 회동이 어떤 결과를 낳았는지 알게 되면서 미국 사회 전반에서도 치유로 이어지는 새로운 경로가 만들어졌다.

오바마의 맥주 회담이 그랬듯 성공적인 패턴 파괴 경로는 대체로 미묘한 단계에서 출발해 행동의 정점을 향해 발전해나간다. 또한 맥주 회담이 게이츠 박사와 크롤리 경사의 점심 약속으로 이어졌듯 이런 행사는 대부분 규모가 더 작고 격식에 덜 매이는 강화로 이어진다. 하지만 바꿀 수 없는 것은 아니다.

패턴 파괴 경로는 우리와 다른 사람들이 우리가 상상한 이상적 미래에 좀더 가까워지게 해주는 여러 행동 단계로 구성되어야 한다. 경로는 얼마든지 원하는 대로 구성할 수 있다. 직접 경로를 구성할 방법은 6장 후반부에서 살펴볼 것이다. 우선 지금은 내 수업을 들었던 카밀라가 경로를 어떻게 구성했는지 살펴보자.

행동 단계를 설계하라

5장에서 살펴본 카밀라의 이야기를 떠올려보자. 사촌 빈센트의 사망으로 인한 슬픔과 홀로 된 태미가 가족들과 같은 가치를 공유하지 않는다는 생각 때문에 카밀라의 가족은 분열했다. 이상적 미래를 상상한 카밀라는 자신의 패턴 파괴 경로를 구성하는 여러 단계를 설계했다. 각 단계는 다음 단계의 토대가 되었다.

카밀라가 설계한 패턴 파괴 경로 첫 단계에는 아침 멈춤 훈련이 포함되어 있었다. 카밀라는 매일 아침 조용히 자리에 앉아 사랑이 오가는 모습을 상상했다. 처음에는 자신과 다른 가족들이 사랑을 주고받는 모습을 그려보다가 다음에는 태미와 그녀의 시어머니처럼 서로 생각이 다른 가족 구성원들이 마음을 나누는 모습을 떠올렸다. 자신이 가족 간 역학 관계 개선에 보탬이 될 수 있다는 점도 있지 않았다. 그녀는 자신이 만들어낸 이상적 미래를 구체적으로 상상했다.

카밀라가 설계한 패턴 파괴 경로의 다음 단계는 태미, 태미의 시어머니, 카밀라의 엄마, 다른 이모 두 명과 각각 일대일로 대화를 나누며 그들에게 다 함께 요리해보자고 제안하는 일이었다. 카밀라는 이들 개개인에게 자신이 가족을 염려하고 있으며 힘든 시기에 가족 사이의 사랑을 북돋우기 위해 무언가를 하고 싶다고 알렸다. 그런 다음 그들에게 자신의 생각을 전달하고 반대 혹은 추가 의견이 있는지 물었다.

태미와 네 자매가 동의하자 카밀라는 가족 내 나머지 성인 여성들에게도 자기 생각을 알렸다. 그리고 날짜를 정한 뒤 요리 재료를 구입하고 엄마의 주방에서 행사를 주최했다.

카밀라는 패턴 파괴 경로를 성공적으로 설계하기 위해 다양한 노력을 기울였다. 가장 먼저 바로 앞 단계를 발판 삼아 다음 단계를 발전시켜나갈 수 있도록 각 단계를 설계했다. 카밀라는 먼저 생각을 정리하는 데서 출발했다. 다른 가족에게 아이디어를 꺼내 보이기에 앞서 멈춤 훈련으로 이상적 미래를 명료하게 그려냈다. 시간을 들여 마음속에서 탄탄한 가족애의 기반을 다지고 이상적 미래를 분명하게 구상한 뒤에야 다른 사람을 끌어들였다.

두 번째로 카밀라는 가족 전체에게 자신의 생각을 밝히기 전에 태미, 엄마, 이모들을 개별적으로 만나 함께 요리하는 아이디어에 대해 논의했다. 모두 따로 만난 덕에 그 아이디어가 마음에 들지 않는 사람은 자신의 우려를 카밀라에게 은밀히 전달할 수 있었다.

세 번째로 카밀라는 나머지 가족들에게 주도적으로 자신의 아이디어를 전달하고 행사를 주최했다.

마지막으로 카밀라는 현실적으로 기대했다. 가족이 겪어온 모든 고통이 단번에 사라질 것이라 예상하지 않았다. 카밀라는 함께 요리하는 일이 모든 가족이 서로 온전히 받아들이는 상태로 나아가기 위한 긴 경로를 구성하는 한 단계에 지나지 않는다는 사실을 잘 알았다.

패턴 파괴 경로를 따라 행동 단계를 설계하라

이제 패턴 파괴 경로 각 단계를 어떻게 설계해야 할지 생각해야 한다. 이 책에 소개된 단계별 순서를 따르면 도움이 되겠지만 자신만의 경로를 설계하는 과정은 각자 다를 수밖에 없다. 자신이 처한 상황과 관련된 특수한 세부사항을 고려하고 이런 내용을 토대로 행동 단계를 발전시켜야만 최선의 효과를 얻을 수 있다.

나는 독자 여러분이 이미 존재하는 갈등 패턴의 독특한 본질을 고려해 갈등고리에서 벗어나기 위한 경로를 설계하기 바란다. 미리 정해놓은 틀에 끼워 맞추느라 갈등고리에서 벗어나지 못해서는 안 된다.

1단계: 자신에게서 출발하라

먼저 자기 자신에게서 출발한 다음 바깥으로 확장해나가면 도움이 된다. 모두 알다시피 이 책은 갈등에서 벗어나는 방법을 주제로 다루고 있다. 갈등에서 벗어나는 데 가장 좋은 첫 단계는 자신의 내면에 관심을 기울이는 일이다.

1단계에 시행하는 행동은 꽤 미묘해 오직 자신만 그런 행동을 인지할 수 있다. 예를 들어 3분짜리 멈춤 훈련을 일상으로 만들 수도 있다. 유달리 걱정스럽고 고통스러운 상황에 놓인 학생들은 사랑이 모든 행동의 근간이 될 수 있도록 전통적인 자비 명상을 변형해 자신만의 방법을 발전시켰다. 우선 몇 분간 조용히 앉아 자신을 무조건 사랑해주는 누군가에게서 아낌없이 사랑받는 기분을 느낀다. 그런 다음 갈등 지도에 그려진 몇몇 사람에게 자신이 사랑을 나눠주는 모습을 상상하고, 그 뒤에는 범위를 확장해 바깥세상에 존재하는 낯선 사람들에게 사랑을 나눠주는 모습을 떠올린다. 마지막으로 자신을 무조건 사랑해주는 사람에게 사랑받는 느낌으로 되돌아간다.

변형된 자비 명상 기법을 활용해도 좋고, 다른 사람들과 자신의 이상적 미래에 대해 논의할 준비가 될 때까지 멈춤 시간마다 이상적 미래를 구체적으로 상상해도 좋다. 혹은 지금껏 해온 훈련을 토대로 멈춤 시간에 갈등고리에서 벗어나는 데 도움이 되는 활동을 찾아내고 꾸준히 그런 활동을 하기로 다짐하는 것도 좋다. 마음속에서 강렬한 감정이 올라올 때마다 적어도 하루에 한 번 이상 심호흡하겠다고 다짐하는 식이다.

2단계: 한 사람을 고르자

2단계에서는 갈등 지도에 등장하는 인물 중 한 사람을 참여시킬 방법을 고민해보자. 항상 지도에 등장하는 인물 중 가장 뻔한 사람을 골라야 하는 것은 아니다. 지도에 그려놓은 인물 중 이미 신뢰 관계를 맺거나 가장 도움이 될 만한 사람을 택해도 괜찮다.

반면 당신과 갈등 패턴을 이루는 사람을 직접 찾아가는 방법이 효과적일 때도 있다. 특히 어떤 가치 때문에 갈등이 발생했는지 명확히 이해했고, 감정을 가라앉힐 수 있으며, 자신에게 유리한 쪽으로 감정을 활용할 수 있다면 가장 먼저 이런 인물에게서 출발하는 방법이 크게 도움 될 수 있다.

상대를 불러내 커피나 맥주를 마시며 그의 관점에 좀더 귀 기울이고 당신의 이상적 미래를 이야기해보자. 상대에게 전화해 사과해도 좋고, 그저 안부만 물어도 좋다. 되도록 단순하게 행동하고 패턴을 파괴해야 한다는 사실을 기억하자.

3단계: 소그룹을 포함시키자

3단계에서는 갈등 지도에 등장하는 인물을 더 많이 참여시키는 것이 좋을지, 그렇다면 어떻게 참여시키는 것이 좋을지 생각해 보자. 만약 그럴 수 있는 상황이라면 모임을 주최하거나 화상 전화 혹은 통화를 주도할 수도 있을 것이다. 이런 과정을 통해 지도에 등장하는 다른 인물들과 상호작용하고 그들에게서 새로운 아이디어와 지지를 얻을 수 있다. 3단계를 진행하던 어떤 고객은 자기 자신뿐 아니라 다른 동료들과도 갈등을 빚어온 두 부서 책임자에게 만남을 요청했다. 중국에 있는 아버지와 뉴욕에 있는 이모에게 통화를 요청한 학생도 있었다. 동료들과 중동에 있는 풀뿌리 조직이 참여하는 생중계 화상 회의를 추진한 고객도 있었다.

4단계: 좀더 큰 그룹을 포함시키자

4단계에 접어들 무렵이면 서로 의견이 일치하지 않는 좀더 많은 사람을 한자리에 모을 준비가 되어 있을 가능성이 크다. 예를 들어 4단계를 진행하던 한 고객은 오랫동안 반목해온 연구팀 사람들과 영업팀 사람들이 더 효과적으로 협력할 방법을 찾을 수 있도록 회의를 주선했다. 어느 학생은 미국과 중국에 흩어져 사는 가족들이 서로 연락하고 잘 지낼 수 있도록 왓츠앱 단체 채팅방을 만들었다. 풀뿌리 시각 예술 프로그램으로 중동 평화에 이바지하려고 페이스북에서 수천 명의 젊은이와 소통하기 위한 활동을 조직한 고객도 있었다.

5단계와 그 이후: 확대하라

5단계와 그 후속 단계에서는 앞서 훈련한 내용을 강화하고 발전시켜나갈 수 있도록 여러 차례에 걸쳐 일대일 대화를 진행하거나 관련 있는 사람들이 모여 단체로 필요한 활동을 할 수 있다.

다시 밥과 샐리의 상황으로 돌아가보자. 밥은 패턴 파괴 경로 1단계에서 건설적으로 분노를 다스리는 데 주력했다. 그는 다짜고짜 반응하지 않고 잠깐 멈춰 심호흡하는 훈련을 시작했다. 화나지 않았을 때도 반응하기에 앞서 먼저 심호흡하도록 훈련했다. 그렇게 하면 실제로 화가 났을 때도 상대에게 감정을 분출할 가능성이 적어진다고 생각했다. 밥은 잔뜩 화가 난 고객이 전화를 걸어오는 순간을 상상했다. 전화기를 세게 내려놓고 실수에 책임이 있는 관리자에게 즉시 거친 이메일을 보내는 대신 잠깐 멈춰 심호흡하고 건설적인 반응을 고민한 다음 행동을 취하는 자신의 모습을 상상했다.

2단계에 접어들어서는 샐리와 회의를 진행하며 연봉 문제가 아니라 업무 관계를 중점적으로 논의하는 모습을 그려보았다.

그 과정에서 두 사람의 관계와 연봉 문제는 별개이며, 직장 내에서의 우정 문제를 명확하게 처리한 다음에야 연봉에 대해 생산적으로 대화할 수 있다는 사실을 깨달았다.

밥은 먼저 점심을 먹고 돌아오는 길에 허를 찌르며 소리 질러 댄 일을 사과하는 데서 시작할 생각이었다. 물론 이 일에 샐리가 먼저 사과하는 쪽이 옳다고 생각했지만 그녀가 어떻게 행동하든 자기 잘못을 인정하고 행동을 책임지기로 마음먹었다.

밥은 자신의 그림자 가치를 존중하기 위해 샐리에게 앞으로는 자신에게 소리를 지르지 말라고 요청하기로 마음먹었다. 또한 구체적으로 언급하지는 않되 재정 안정성이라는 샐리의 그림자 가치를 존중한다고 표현하기로 했다. 이를 위해 재정적인 변화를 불편하게 여기는 샐리의 속내를 이해한다고 밝히고, 그녀에게 필요한 정보를 제공하기 위해 더 노력하겠다는 뜻도 알리기로 했다.

밥은 2단계가 잘 진행되면 CFO의 도움을 받아 샐리에게 제시할 공정한 연봉 협상안을 마련해보기로 했다. 4단계에서는 연봉을 논의하기 위해 샐리에게 두 번째 회의를 제안하기로 했다. 밥은 회의에 앞서 명확한 연봉 협상안을 이메일로 전송하고 샐리에게 생각을 정리할 시간을 준 다음, 회의 중 샐리의 의견을 물어보기로 했다. 또 회의가 끝나기 전에 샐리에게 구체적으로 약속하지는 않되 그녀의 의견을 충분히 고려하기 위해 노력하고 자신과 CFO가 결정한 지급 가능 연봉 수준이 얼마인지 알리기로 했다.

이 행동 방안은 밥의 이전 행동과는 차이가 매우 컸다. 성공할 수 있을지 여전히 불안하긴 했지만 밥은 전과는 다른 무언가를 시도한다는 생각에 들떴다.

다른 사람에게 당신의 의도를 알려라

카밀라나 밥처럼 특정한 일이 벌어지게 하려면 다른 사람의 도움이 필요할 수도 있다. 하지만 다른 누군가를 개입시킬 필요 없이 다르게 행동하는 일만으로 충분할 수도 있다. 예컨대 나중에 후회할 만한 일을 만들지 않기 위해 비즈니스 파트너의 요청에 응답하기 전에 일단 머릿속으로 셋까지 헤아릴 수 있다. 이런 경우라면 자신이 무엇을 하고 있는지 파트너에게 굳이 알릴 필요가 없다.

사실 사전 경고 없이 오래된 습관을 수정해 상대를 놀라게 하는 전략은 매우 효과적일 수 있다. 앞서 언급했듯 놀라움이라는 감정에는 좋은 쪽으로 상대의 허를 찌르고 상대에게서 전과는 다른 반응을 끌어내는 측면이 있다.

하지만 행동을 바꾸기는 쉽지 않다. 이때 다른 사람들에게 자신의 의도를 알리면 도움을 받을 수 있다. 그들에게서 지지와 피드백을 얻으면 언제 제대로 나아가고 있고, 언제 목표에 미치지 못하는지 알 수 있다.

밥은 첫 번째 회의에서 샐리에게 더 진실하게 협력하면서도 CEO로서의 권위를 유지하겠다는 자신의 의도를 알리기로 계획했다. 필요할 때마다 이를 실천하기 위해 최선을 다하겠지만 완벽하지 않을 수도 있고 샐리의 지지와 용서 또한 필요하다는 사실을 인정하기로 했다.

요약

▶ 1부에서 진행한 훈련은 갈등 패턴을 파괴하는 데 도움이 된다. 하지만 아직 갈등고리에서 완전히 벗어나지는 못했다. 당신이 상상하는 미래에 패턴 파괴 경로가 더해지면 갈등고리에서 벗어나는 데 필요한 바깥에서 끌어당기는 힘과 안에서 밀어내는 힘을 모두 얻을 수 있다.

▶ 패턴 파괴 경로는 갈등고리에서 벗어나 당신이 상상한 이상적 미래로 나아갈 수 있도록 돕는 여러 행동 단계로 서로 연결되어 있고, 단순하며, 매우 다른 행동 단계로 이뤄져 있다.

▶ 패턴 파괴 경로를 구성하는 행동을 단순하게 유지하는 것이

중요하다. 행동이 단순할수록 당신이 어떤 영향을 미치는지 추적하기 쉬워지고 의도한 방식대로 영향을 미치게 될 가능성이 커진다.

▶ 당신의 패턴 파괴 경로는 당신과 다른 사람들을 당신이 상상한 이상적 미래로 한 단계씩 이동시켜주는 행동 단계로 구성되어 있다. 그동안 내 고객과 학생 들에게 도움이 되었던 일련의 단계를 참고해도 되고 원하는 방식으로 직접 경로를 구성해도 좋다.

응용 훈련

패턴 파괴 경로를 설계하라[3]

단순하면서도 그동안 해온 것과는 아주 다른 행동을 통해 갈등 고리에서 벗어나는 데 도움이 되는 일련의 행동 단계를 설계하려면 자기 자신에게 다음 내용을 질문해보자.

▶ 1단계: 어떤 단독 훈련이나 멈춤 훈련부터 시작할 수 있는가?
▶ 2단계: 패턴 파괴 경로에 개입시킬 사람이 있다면 가장 먼저 개입시킬 사람은 누구인가? 내가 취할 수 있는 행동 중 단순하고 매우 다른 행동은 무엇인가?

► 3단계: 패턴 파괴 경로에 추가로 개입시킬 사람이 있는가? 그 사람은 누구인가?

► 4단계: 내가 상대해야 할 그룹이 있는가? 만약 그렇다면 어떤 그룹인가? 그들을 어떻게 상대할 수 있을까?

► 5단계와 그 이후: 서로 연결된 행동 단계로 구성된 경로를 이 단계부터 어떻게 만들어나가야 할까?

7장

패턴 파괴 경로를
검증하라

무엇이 우리를 지혜롭게 만드는가? (…) 우리는 미래를 예상
한다. (…) 미래를 예측하는 능력이 우리를 지혜롭게 만든다.
— 마틴 E. P. 셀리그만, 존 티니

예방이 최선의 치료이다.
— 모튼 도이치

많이 실험할수록 더 좋다.
— 랄프 왈도 에머슨

패턴 파괴 경로를 따라 나아가다 보면 흔히 다음 두 가지 함정
중 하나에 빠지게 된다. 첫 번째 함정은 우리의 행동이 초래할
수도 있는 의도치 않은 결과를 생각지 않은 채 무모하게 행동하
는 것이고, 두 번째 함정은 반대로 행동하는 것이다. 다시 말해
우리의 행동이 초래할 잠재적 결과를 지나치게 염려한 탓에 아
무것도 하지 않았을 때 뒤따를 수 있는 끔찍한 결과를 생각지 못
하고 아무런 행동도 취하지 않는 것이다.

역사상 가장 유명한 외교 성과 중 하나로 꼽히는 캠프 데이비
드 협정Camp David Accords[1]은 아무런 행동도 하지 않았을 때 뒤따

르는 결과를 생각하지 못하면 어떤 일이 생기며, 지미 카터 전 대통령이 어떻게 이런 상황을 바로잡았는지 잘 보여준다. 1976년 대통령이 된 카터는 엄청난 목표를 달성하기로 마음먹었다. 그는 이스라엘과 이집트 사이에서 평화를 이끌어내기로 했다. 당시 이스라엘과 이집트는 이스라엘 건국 이후 시나이 반도 통치를 비롯한 관련 문제들을 놓고 30년 동안 전쟁을 벌이고 있었다. 양국 간 전쟁과 중동 지역에서 분출된 여러 갈등으로 수만 명이 목숨을 잃었다.

카터 대통령은 이미 이스라엘 총리 메나헴 베긴Menachem Begin에게 몇 가지 제안을 했지만 원하는 결과를 얻지 못한 채 고전 중이었던 안와르 사다트Anwar Sadat 이집트 대통령과 협력했다. 그런 다음 영부인 로절린의 제안을 받아들여 두 정상을 메릴랜드에 있는 한적한 대통령 별장 캠프 데이비드로 초청해 비밀 회담을 주선했다.

사다트 대통령은 합의에 도달할 수 있을 것이라 확신하고 회담장에 도착했다. 하지만 베긴 총리는 단 며칠이라는 짧은 시간 동안 무엇을 이뤄낼 수 있을지 의문했다. 캠프 데이비드 초청을 받아들이긴 했지만 어떤 것이 됐든 이집트에 땅이라도 내어주게 된다면(말 그대로 땅을 내어주게 되든 비유적인 표현이든) 어떤 일이 벌어질지 매우 조심스러웠다.

베긴 총리의 회의적인 태도에도 회담은 순조롭게 시작되었다. 하지만 며칠 동안 치열하게 협상한 결과 평화회담은 결렬되었다. 사다트 대통령과 베긴 총리는 협상 도중 자리를 박차고 나간 뒤 다시는 얼굴을 맞대려 하지 않았다. 두 정상은 캠프 데이비드에 도착하기 전보다 더욱 분열되어 보였다.

하지만 카터 대통령은 포기하지 않고 두 정상을 돕기 위한 마지막 시도로 비서에게 자신과 베긴 총리, 사다트 대통령이 함께 찍은 사진을 세 장 뽑아오라고 지시했다. 회담이 시작될 무렵의 희망 가득한 순간에 촬영된 그 사진 속에서 카터 대통령은 두 정상과 나란히 서서 미소 짓고 있었다. 카터 대통령은 사진에 서명한 다음 베긴 총리의 세 손주 이름을 하나씩 적었다.

카터 대통령은 집으로 돌아가려고 채비하는 베긴 총리의 방문을 두드린 다음 사진을 건넸다. 베긴 총리는 사진을 한 장씩 차례차례 살펴봤다. 세 손주의 이름을 차례로 소리 내어 읽던 그의 양 볼에 눈물이 흘러내렸다.

세 손주에게 보내는 사진을 손에 쥔 베긴 총리는 평화를 도출하는 데 실패하면 자신의 손주들뿐 아니라 손주 세대 전체에게 얼마나 암울한 미래를 물려주게 될지 생각하지 않을 수 없었다. 베긴 총리는 짐 싸기를 멈추고 협상 테이블로 되돌아갔다.

카터 대통령은 베긴 총리에게 사진 몇 장을 건네는 단순한 행동만으로 총리가 아무 행동도 하지 않았을 때 발생할 수 있는 의도치 않은 결과가 합의에서 비롯된 결과보다 훨씬 나쁠 수 있다는 사실을 깨닫게 만들었다. 베긴은 전쟁밖에 모르고 자라는 아이들이 받을 고통에 비하면 그 순간 자신이 느낀 분노와 좌절감은 그리 중요하지 않다고 생각했다. 정말 중요한 것은 아이들이 마주할 미래였다.

그날 오후, 베긴 총리는 시나이 반도에 있는 이스라엘 정착촌과 관련해 중요한 양보를 했고, 두 정상은 중동 평화 계획 Framework for Peace in the Middle East이라는 역사적인 합의에 도달했다. 이스라엘과 이집트 양국은 1979년 조약을 체결해 30년 만에 처음으로 공식적인 평화의 시대를 맞이했다.

잠시 뒤 이 이야기를 이어가며 의도치 않은 결과라는 함정을 피하는 데 도움이 되는 두 가지 훈련 방법을 소개할 것이다. 어떤 행동을 하지 않아 의도치 않은 결과가 나타날 수도 있고, 성급하게 행동해 그런 결과가 나타날 수도 있다. 첫 번째 훈련은 어떤 행동을 하거나 하지 않은 탓에 발생하는 의도치 않은 결과를 예측하고 예방할 수 있도록 앞으로 어떤 일이 벌어질지 미리 생각하는 데 도움이 된다. 두 번째 훈련은 내가 '미니 실험'이라 이름 붙인 활동을 통해 올바른 방향으로 조금씩 나아가 패턴 파괴 경로를 한층 강화하는 데 도움이 된다.

이런 훈련을 하면 잠시 멈추는 시간을 갖고 앞으로 어떤 일이 벌어질지 생각한 다음 지체 없이 나아갈 수 있어 균형을 유지하는 데 도움이 된다. 또 이 훈련으로 앞서 설계한 패턴 파괴 경로를 검증하면 자신의 패턴 파괴 경로를 한층 신뢰할 수 있게 되고, 장기적으로 패턴 파괴 경로를 따라 나아가며 최적의 결과를 얻을 수 있다.

어떤 문제가 생길 수 있는가

5장에서는 부정적인 측면(과거에 무엇이 잘못되었는가)에 집중되어 있던 우리의 초점을 긍정적인 측면(미래에 어떤 일이 일어나기를 바라는가)으로 이동시켜보았다. 어떻게 보면 앞으로 무엇이 잘될 수 있을지 예상해본 셈이다.

이제 미래를 바라보는 초점을 수정해 무엇이 잘못될 수 있을지 생각해보자.

살다 보면 우리가 한 모든 행동이나 우리가 하지 않은 모든 행동이 의도한 결과로 이어지기도 하고 의도하지 않은 결과로 이어지기도 한다. 힘든 상황에 휘말리면 이런 영향이 다소 과장될 수도 있다.

앞서 설명했듯이 우리는 근본 귀인 오류로 인해 타인의 잘못된 행동은 성격 결함에서 비롯되었다고 여기는 반면 자신의 행동은 어쩌다 보니 맞닥뜨린 환경 때문이라고 여기는 경향이 있다. 갈등 상황에서는 타인에 대한 부정적인 생각이 한층 증폭되는 경우가 많다. 그래서 타인에 대해 최악을 가정하는 한편 우리의 행동 중 실제 의도와는 가장 거리가 먼 부분 때문에 우리를 바라보는 타인의 관점에 매우 부정적인 영향을 미치게 된다.

따라서 실제로 예상치 못한 일이 벌어지기 전에 당신의 행동이 어떤 의도치 않은 결과를 초래할 수 있을지 미리 생각해 예기치 못한 결과를 예방하거나 완화하는 것이 중요하다. 어떤 일이 발생할 수 있을지 미리 고민하지 않으면 패턴 파괴 경로를 따라 나아가면서 얼마나 신중하게 생각하든 상황이 전보다 더욱 악화될 위험이 있다.

앞서 인간은 맞서 싸울지 도망갈지 판단하기 위해 복잡한 상황을 흑백 혹은 '우리 대 그들'의 문제로 단순화하는 경향이 있으며, 갈등에 부딪히면 이런 경향이 더욱 두드러진다고 설명했다. 마찬가지로 갈등이 한창일 때는 미래에 대해 깊이 생각하지 못하고 지금 이 순간에 집중하게 된다. 우리의 행동이 어떤 영향을 미칠지 생각하기로 했으니 내친김에 우리의 행동이 지금 이 순간 우리에게 어떤 영향을 미칠지 생각해보자.

우리는 흔히 이런 식으로 생각한다.

▶ 내게 소리를 질러대는 사람이 있는 곳을 떠나면 안도감이 들고 평화와 고요가 찾아올 것이다. (나 자신의 행동, 즉 불편한 곳에서 벗어나는 행동이 지금 이 순간 나에게 어떤 영향을 미치는지 생각

한다.)

▶ 전송 버튼을 눌러 이 이메일을 보내면 하던 일을 마무리하고 더 중요한 다른 일을 시작할 수 있으니 기쁠 것이다. (나 자신의 행동, 즉 전송 버튼을 누르는 행동이 지금 이 순간 나에게 어떤 영향을 미치는지 생각한다.)

▶ 이 요청을 거절하면 업무를 일찍 끝내고 운동하러 갈 수 있을 것이다. (나 자신의 행동, 즉 요청을 거절하는 행동이 지금 이 순간 나에게 어떤 영향을 미치는지 생각한다.)

우리는 대개 우리의 행동이 타인에게 어떤 영향을 미칠지 생각하지 않는다. 또한 그 행동이 우리 자신이나 타인에게 미칠 장기적인 영향에 대해서도 거의 고민하지 않는다.

이런 식의 사고 오류를 바로잡으려면 당신의 행동이 바로 오늘 당신에게 어떤 영향을 미치고, 장기적으로 당신과 타인에게 어떤 영향을 미칠지 고민해보는 것이 좋다.

오랫동안 『하버드비즈니스리뷰』*Harvard Business Review* 편집장을 지낸 수지 웰치Suzy Welch는 저서 『10-10-10, 인생이 달라지는 선택의 법칙』*10-10-10: 10 Minutes, 10 Months, 10 Years: A Life-Transforming Idea*[2] 에서 우리의 행동이 지금으로부터 10분 뒤, 10개월 뒤, 10년 뒤에 어떤 영향을 미칠지 생각해봐야 한다고 말했다.

웰치가 제안한 방법을 따르되 범위를 좀더 넓히면 좋겠다. 다시 말해 당신의 행동이 현재와 미래에 당신에게 미치는 영향, 당신이 처한 상황에 등장하는 인물 중 당신과 갈등을 빚고 있는 것이 분명한 대상(밥의 경우에는 샐리가 이에 해당한다)에게 미치는 영향에 대해 생각해봐야 할 뿐 아니라 그다지 명확하지 않은 대상(밥의 경우에는 CFO와 투자자가 이에 해당한다)에게 미치는 장단기적인 영향도 생각해봐야 한다.

앞서 살펴본 일화에서 카터 대통령은 베긴 총리가 중동 국가들과 화해하지 못하면 손주들과 미래 세대에게 어떤 영향을 줄지 생각할 수 있도록 도왔다. 카터 대통령은 현재의 자기 자신에게서 미래를 살아갈 손주들에게로 베긴 총리의 관심을 돌리는 데 성공했다. 이 같은 관점의 변화가 있었기에 베긴 총리는 협상 테이블로 되돌아가 역사적인 합의를 이뤄낼 수 있었다. 카터 대통령이 말이 아닌 사진으로 베긴 총리의 마음을 바꿔놓았다는 점도 꼭 짚고 넘어가야 할 것 같다. 사진을 이용한 덕에 베긴 총리의 상상력을 발휘시키고 그의 감정에 호소할 수 있었는지도 모른다.

다시 밥과 샐리 이야기로 돌아가 두 사람이 길모퉁이에서 소리 지르며 싸우기 전날의 상황을 살펴보자. 밥은 연봉 이야기를 꺼내면 샐리가 싫어할 것이라는 사실을 잘 알고 있었다. 연봉 이야기를 꺼낼 때마다 샐리는 소리를 지르거나 대화를 회피했다.

앞으로 어떤 일이 벌어질지 상상하는 이 훈련 기법을 밥이 사용했더라면 이렇게 혼잣말했을지도 모른다. "내일 점심 식사가 끝나고 길에서 비공식적으로 샐리의 연봉 이야기를 꺼내면 어떻게 될까? 그 순간에는 마침내 솔직하게 마음을 털어놓게 되어 안도감을 느낄 거야. 지금으로부터 10개월 뒤에는 샐리의 연봉이 이전과 달라져 있겠지. 지금으로부터 10년 뒤면 회사의 재정 상태가 좋아서 무척 기쁠 거야."

하지만 샐리는 어떨까? 만약 밥이 샐리의 입장을 고민했더라면 이렇게 생각했을 수도 있다. '점심 식사 뒤에 연봉 이야기를 꺼내면 샐리가 불편할 수도 있어. 언질도 없이 그런 이야기를 꺼내면 샐리가 방심한 틈을 이용하는 셈이 되겠지. 10개월 뒤에도 샐리는 여전히 내게 화를 내며 문제를 회피하려 들 거야. 연봉에 대해 아예 이야기하려 들지도 않겠지. 앞으로 10년 뒤에는 샐리가 회사에 남아 있기나 할지 모르겠어.'

어쩌면 밥은 이렇게 생각했을지도 모른다. '점심 식사 뒤에 그런 이야기를 꺼내는 건 별로 좋은 방법이 아닐지 몰라. 그 외에 어떤 방법이 있을까?'

'내 행동이 이 상황에 직접 연관되지 않은 사람들에게는 어떤 영향을 미칠까?'라는 질문 역시 도움이 된다. 밥은 이렇게 생각했을 수도 있다. '점심을 먹고 나서 이런 이야기를 꺼내면 CFO에게는 어떤 영향이 있을까? 내 시도가 실패로 돌아간다면 샐리는 허를 찔렸다는 생각에 몇 달 동안 대화를 피할 테고, 결국

CFO 역시 행복하지 않을 거야.'

이 과정은 결과를 최적화하고 참사를 막기 위해 체스판에서 말을 움직이는 체스 선수처럼 수를 두기 전에 몇 단계 앞서 나가 생각하는 데 도움이 된다.

의도치 않은 결과를 예측하라

의도 자체가 얼마나 긍정적이든 패턴 파괴 경로를 설계할 때 우리는 자신의 행동이 초래할 영향을 오판하는 경우가 많다. 연극 연출자처럼 우리도 우리의 이상적 미래를 현실로 만들기 위해 각 장면에 관한 대본을 쓴다. 그러다 등장인물이 대본에서 벗어나면 허를 찔린다. 문제는 우리가 제대로 극본을 쓸 수 있는 역할이 주인공뿐이라는 것이다. 여기서 주인공이란 바로 우리 자신이다.

이런 사태가 발생하지 않도록 하려면 자신의 패턴 파괴 경로가 미래에 어떻게 진행될지 생각해봐야 한다. 카터 대통령이 베긴 총리를 돕기 위해 그랬던 것처럼 당신의 행동(혹은 행동의 부재)이 오늘 자기 자신에게 미칠 영향은 물론 2장에서 직접 작성한 갈등 지도에 등장하는 다른 인물들에게 지금, 그리고 미래에 끼칠 영향까지 고려해야 한다.

가령 밥은 자신의 패턴 파괴 경로를 따라 나아간다면 샐리에게 어떤 의도치 않은 영향을 끼치게 될지 생각해볼 수 있다.

▶ 샐리에게 만남을 요청하면 샐리가 동의할 수도 있다. 하지만 대화 도중 화가 나 다시 내게 소리를 질러댈지도 모른다.
▶ 샐리가 여전히 화나 있는 상태라 연봉 문제를 논의하기 힘들 수도 있다.
▶ 지금은 새로운 급여 체계에 동의하더라도 몇 달 뒤에는 자신의 재정 상태에 불만을 느껴 경쟁사로 떠나기로 마음먹을 수도 있다.

이 과정은 오빠 마이크의 음주 문제를 염려했던 학생 마우라에게 도움이 되었다. 음주 문제에 관해 이야기를 꺼내자 마이크는 공격적인 태도를 보이며 걱정할 필요 없다고 부인했다. 마우라가 상상한 이상적 미래란 오빠가 술을 끊는 것이었다. 마우라의 패턴 파괴 경로는 개입에 집중되어 있었다. 마우라는 여러 가족 구성원이 음주 문제를 지적하면 오빠가 자신의 음주 습관이 얼마나 파괴적인지 깨달을 것이라 믿었다.

자신의 패턴 파괴 경로가 오빠에게 어떤 의도치 않은 결과를 안겨줄지 곰곰이 생각하던 마우라는 자신의 패턴 파괴 경로가 오히려 역효과를 낳을 가능성이 크다는 사실을 깨달았다.

마이크의 방어적인 태도와 부인 외에도 문제는 더 있었다. 마우라는 다른 가족 구성원들이 오빠의 음주 문제를 지적해주기를 바랐다. 하지만 그들 중 상당수에게 음주 문제가 있었다. 사실 가족들의 음주 문제는 이 문제와 연관되어 또 다른 갈등을 낳았다. 앞으로 어떻게 할지 가족들과 대화를 시도했다가 마지막에 서로 소리 높여 싸우고 여럿이 마음을 다친 적도 있었다. 술을 대하는 각자의 태도가 가족 구성원으로서 마이크의 음주 문제를 대하는 태도에 크게 영향을 미쳤다.

그동안 있었던 일을 돌이켜본 마우라는 오빠를 말려볼 수 있을 만큼 많은 수의 가족을 한자리에 모으더라도 오빠는 아마 똥 묻은 개가 겨 묻은 개 나무라는 격이라고 지적하며 상황을 회피할 가능성이 크다는 사실을 깨달았다. 그런 일이 벌어진다면 자신이 상상한 이상적 미래에 가까워지기는커녕 오히려 더욱 멀어질 것이 틀림없었다.

마우라는 이런 식으로 의도치 않은 결과를 찾아냈다.

▶ 가족들과 함께 음주 문제를 지적하면 오빠가 화를 내고 몇 달 동안 나와 대화하기를 거부할 수도 있다.

예방과 대비

당신의 행동이 초래할 수 있는 의도치 않은 결과를 예상했다면 그런 결과를 완화시킬 방법을 찾아보자. 의도하지 않은 결과를 완화시킬 방법은 두 가지이다. 먼저 의도하지 않은 결과를 예방할 방법을 찾아야 한다. 그런 다음 여러모로 노력했는데도 의도치 않은 결과가 발생했을 때 적절히 대응할 수 있도록 대비해야 한다.

밥은 먼저 어떤 의도치 않은 결과가 발생할 수 있을지 예상한 다음 각 결과가 처음부터 발생하지 않도록 예방할 방법과 실제로 그런 결과가 발생했을 때 대응할 방법을 고민했다. 밥이 생각해낸 계획은 다음과 같다.

▶ 샐리에게 만남을 요청하면 샐리가 동의할 수도 있다. 하지만 대화 도중 화가 나 다시 내게 소리를 질러댈지도 모른다.
예방: 샐리에게 자신이 상황을 통제하고 있다고 느끼게 하고, 회의 도중 화낼 가능성을 줄이기 위해 어떤 연봉안을 제시할 계획인지 미리 알릴 것이다.
예방: 대화를 며칠 앞두고 사려 깊고 정중한 대화를 위해 두 사람 모두 각자의 역할을 훌륭하게 해내기를 바란다는 내용의 이메일을 샐리에게 보낼 것이다.

대비: 샐리가 내게 소리를 지르기 시작하면 세 번 심호흡한 다음 잠깐 쉬었다가 마음이 가라앉으면 다시 이야기를 시작하자고 제안할 것이다.

▶ 샐리가 여전히 화나 있는 상태라 연봉 문제를 논의하기 힘들 수도 있다.

예방: 샐리에게 만남을 요청할 때 아직 화나 있더라도 모두 이해하며 그녀의 생각이 궁금하다는 뜻을 전달할 것이다.

예방: 샐리가 아직 나와 연봉에 관해 이야기할 준비가 되지 않았다고 답한다면 CFO와 투자자들이 답을 기다리고 있어 2주 이내에 만나 이야기 나눠야만 하니 원하는 일시와 장소를 알려달라고 이야기할 것이다.

▶ 지금은 새로운 급여 체계에 동의하더라도 몇 달 뒤에는 자신의 재정 상태에 불만을 느껴 경쟁사로 떠나기로 마음먹을 수도 있다.

예방: 샐리가 회사를 떠나지 않도록 새로운 연봉 협상안에 비금전적인 혜택을 추가하고 그녀가 갈구하는 자율권을 좀더 허용할 것이다.

대비: 샐리가 어쩌면 회사를 떠나고 싶어질지도 모르겠다고 암시한다면 최종 결정을 내리기 전에 함께 상의했으면 좋겠

다고 이야기할 것이다.

이번에는 마우라의 이야기로 돌아가보자. 마우라는 앞으로 다가올 일을 생각하며 자신의 행동이 의도치 않은 결과를 초래할 수도 있다는 사실을 인지하고 처음 설계한 패턴 파괴 경로가 지나치게 야심 차다는 점을 깨달았다. 역효과가 나지 않을 것이라는 확신이 들 때까지 마우라는 패턴 파괴 경로를 수정했다.

▶ 음주 문제를 지적하면 오빠가 화를 내고 몇 달 동안 나와 대화하기를 거부할 수도 있다.

예방: 가족들에게 오빠와 음주 문제에 대해 이야기해보라고 부탁하는 대신 오빠와의 관계를 천천히 재건할 것이다. 어릴 때 자주 그랬듯 야구장에 같이 가자고 이야기할 것이다. 오빠가 제안에 응하면 내가 입장권을 살 것이다.

예방: 음주 문제에 대해 오빠와 이야기하기 전에 오빠의 음주 습관을 걱정하고 있는 데다 나와 친하게 지내는 올케와 먼저 상의할 것이다.

▶ 함께 야구장에 갔는데 오빠가 술을 너무 많이 마실 수도 있다. 오빠의 음주를 걱정하다 싸우게 될 수도 있다.

예방: 많은 사람이 술을 마시는 야구장에 가는 것보다 골프를

치러 가는 건 어떤지 물어볼 것이다.

대비: 같이 있을 때 오빠가 술에 취한다면 필요한 경우 오빠를 돕겠지만 비난하지는 않을 것이다.

마우라가 수정한 패턴 파괴 경로에는 관계를 개선하기 위해 오빠에게 손을 내미는 계획이 포함되어 있었다. 마우라는 처음 세운 패턴 파괴 경로에 따라 모든 가족이 음주 문제에 개입하는 '기습 공격'을 감행하는 대신 오빠와 진심을 담아 애정 가득한 대화를 하는 모습을 상상했다.

마우라는 먼저 오빠에게 매주 함께 골프를 치자고 제안했다. 그러자 한동안 끊어졌던 관계를 회복하는 데 도움이 되었다. 또 올케와 이야기를 나눠 오빠의 가정이 어떤 상태인지 더 이해했다. 올케는 남편의 음주 문제에 대해 어떤 이야기를 하는 것은 괜찮고 어떤 이야기를 하는 것은 좋지 않을지 마우라에게 일러 주었다.

어느 저녁 골프가 끝난 뒤 마우라는 오빠에게 골프장에서 함께 저녁을 먹을 생각이 있는지 물었다. 마이크는 마우라의 제안에 응했고 두 사람은 평소와는 다른 식으로 대화했다. 조용한 분위기는 온 가족이 모여 소란스러운 저녁 식사 자리보다 진심 어린 대화를 하는 데 도움이 되었다. 마우라는 오빠에게 요즘 어떻게 지내는지 물었다. 마이크는 직장 상황이 좋지 않은 데다 아직 어린 세 자녀 때문에 다른 데 신경 쓸 겨를이 없다며 육아로 인생이 더욱 힘들다고 이야기했다. 마우라는 잠자코 들어주다가 도울 일이 없는지 물었다.

마이크는 자신의 음주가 가족에게 좋지 않다는 사실을 잘 알지만 술을 끊을 수 없을 것 같다고 솔직히 털어놓았다. 이번에도 마우라는 듣기만 했다. 몇 주 뒤에 다시 저녁 식사를 함께하게 되었을 때 마우라는 최근 술을 끊은 친구가 있다며 혹시 관심 있다면 소개해주겠다고 제안했다. 마이크는 그러겠다고 답했고, 마우라는 오빠에게 친구를 소개했다. 몇 달 뒤 마이크가 단주 모임에 가입하자 가족들은 마우라가 어떻게 마이크를 설득해 모임에 보냈는지 의아해했다. 마우라는 그 일에 약간의 인내심과 사랑, 선견지명 그 이상이 필요하다는 사실을 잘 알고 있었다.

미니 실험을 진행하라

대학원 재학 시절, 나와 동료들은 바깥 사회에서 가설을 검증하기에 앞서 실험실에서 시도해보는 것이 좋을 때가 많다는 사실을 깨달았다. 실험실에서는 변수를 통제하기가 수월하지만 현실 세계에서는 상황이 순식간에 엉망이 되곤 한다.

경로 검증도 마찬가지이다. 실수해도 괜찮다고 느껴지는 곳이라면 어디든 실험실이 될 수 있다. '실험실'의 가장 결정적인 요소는 당신이 그 실험실 안에 있기를 바라는 사람이다. 당신에게 관심이 있으며 실험이 당신 의도와 다르게 흘러가도 당신을 용서할 만한 사람이 가장 이상적이다.

실험실은 대단한 일을 이뤄내는 곳이 아니라 안전한 환경 안에서 작은 실험을 진행하는 곳이다.

과학자처럼 우리도 실험 결과를 기록해야 한다. 의도한 대로 실험이 진행되었는가? 무엇을 배웠는가? 현실 세계에서 취하는 행동에 실험 결과가 어떤 영향을 미칠까?

가령 상사에게 그리 반갑지 않을 의견을 제시하는 일이 패턴 파괴 경로에 포함되어 있다고 생각해보자. 이런 경우라면 먼저 당신이 정확히 의도한 대로 말하지 못하더라도 당신을 용서해 줄 만한 친구에게 환영받기 어려운 의견을 제시하는 연습을 해야 한다. 실험 결과에 주목하자. 친구가 어떻게 반응하는가? 당신이 한 말이 도움이 되었는가, 아니면 도움이 되지 않았는가? 다음에는 어떻게 개선해볼 수 있을까?

미니 실험을 진행하면 두 가지, 즉 연습 기회와 즉각적인 피드백을 얻을 수 있다. 시간을 두고 충분히 연습하는 호사를 누릴 수 있다면 새로운 행동을 시도해 '근육'을 충분히 풀고, '근육 기억'을 발전시켜 이미 몸에 밴 습관을 바꾸고 새로운 습관을 몸에 익힐 수 있다. 또한 이런 실험으로 자신의 행동이 어떤 영향을 미치는지, 즉 다른 사람들이 그런 행동을 어떻게 여기는지도 알아낼 수 있다. 피드백이 가장 중요한 상황에서 어떤 접근 방법을 활용할지 친구의 피드백을 이용해 개선해나갈 수 있다.

나는 제조업체 CEO 피트를 코칭한 적이 있다. 나를 찾아왔을 무렵 피트는 경영팀 전체가 자신에게 화나 있으며 일부는 그 정도가 심해 회사를 관두려 한다는 사실을 알았다. 그의 다면 평가 자료에 담긴 메시지는 매우 심각했다. 피트는 다른 사람의 이야기를 경청할 줄 모르는 사람이었다. 피트는 지시했다. 누군가가 우려를 표하거나 질문을 던지면 그저 더 큰 목소리로 지시를 반복했다. 다면 평가 자료를 받아본 뒤 피트는 놀이터에서 다른 아이들에게 무언가를 지시했던 어린 시절부터 평생 똑같은 피드백을 받아왔다는 사실을 마지못해 인정했다. 피트는 이렇게 이야기했다. "그래요. 제가 항상 남의 말을 잘 듣는 건 아닙니다. 어차피 제 마음을 바꿔놓을 만한 이야기는 없을 테니까요." 피트의 대답을 듣고 나서 나는 "그럴 수도 있을 겁니다. 하지만 계속해서 경영진의 이야기에 귀 기울이지 않는다면 어떻게 될까요?"라며 압박했다.

피트의 대답은 이랬다. "경영팀 핵심 인력을 잃을 수도 있겠죠. 그들을 대체할 인재를 빨리 찾기는 힘들 겁니다. 그러면 회사가 타격을 입을 테고요." 피트의 패턴 파괴 경로에는 다른 사람의 이야기에 귀 기울이는 훈련이 포함되어 있었다. 하지만 과거의 습관이 너무 뿌리 깊어 습관을 바꾸려면 훈련이 만만찮게 필요할 것이라는 사실을 피트도, 나도 잘 알았다.

피트는 먼저 집에서 아내와 아이들의 이야기를 자상하게 들어주는 실험을 해보기로 했다. 처음에는 중간에 말을 끊지 않고 듣기가 매우 힘들었다. 하지만 하루에 한 번 이상 각 가족 구성원의 이야기를 그저 잘 듣겠다고 목표를 세우자 점점 나아졌다. 피트는 가족들에 대해 점점 많은 것을 알게 되었다. 10년 이상 결혼생활을 하고 아빠 노릇을 하면서도 알아내지 못했던 것들이었다. 피트의 가족들은 난생처음 피트가 자신들의 이야기에 귀 기울이는 것 같다고 생각했다. 이 실험은 가족들에게 유익했을 뿐 아니라(그래서 실험에 뒤따르는 어색함을 가족들도 기꺼이 못 본 체했다) 피트의 직속 부하들에게도 도움이 되었다. 실험이 시작되자 피트의 직속 부하들은 마침내 피트가 자신들의 진가를 인정해준다고 느꼈다.

실험을 진행하려면 원하는 방향으로 노력을 기울여볼 만한 안전한 실험실을 찾아야 한다. 되받아치며 화내는 태도 때문에 샐리와의 갈등이 더욱 악화되는 경험을 했던 밥의 이야기로 되돌아가보자. 밥은 분노를 느낀 뒤 감정을 표현하기 전에 멈춤의 시간을 갖기로 마음먹었다. 그는 엔지니어 중 누군가가 분노를 유발할 때마다 무작정 반응하기 전에 잠시 멈추는 미니 실험을 진행하기로 결심했다.

엔지니어들과의 관계는 실험을 진행하기에 충분히 안전한 실험실처럼 느껴졌다. 밥은 엔지니어들을 잘 알고 있었을 뿐 아니라 이따금 그들과 대화를 나누고 농담도 했다. 밥은 어떤 일이 있어도 엔지니어들이 자기 곁을 지켜줄 것이며, 실험이 잘 진행된다면 자신이 잔뜩 화난 채 전화를 걸어대는 횟수가 줄어들 테니 그들도 좋아할 것이라 생각했다.

처음에는 실험이 쉽지 않았다. 밥은 결심한 사실을 잊고 전화를 들고서 엔지니어에게 소리를 질러대는 등 반사적으로 반응했다. 하지만 시간이 흐를수록 점차 실험 중이라는 점을 명심하고 좀더 노력을 기울이게 되었다. 고객이 나쁜 소식을 전해 오면 일단 세 번 심호흡했으며 수화기를 들어 엔지니어들에게 소리치는 일을 삼갔다. 집중력을 되찾고 그날 고객이 겪은 일에 책임이 있는 사람과 차분하게 대화를 나눌 수 있게 될 때까지 회사 주변을 산책하며 마음을 가라앉혔다.

이런 노력은 점점 효과를 나타내기 시작했다. 엔지니어들이 점차 긍정적으로 피드백을 주기 시작했다. 그들은 밥을 만나면 전보다 기뻐하는 듯했고 두려움도 덜해 보였다. 미니 실험 결과는 밥에게 올바른 방향으로 나아가고 있다고 확신을 주었으며 샐리와의 관계에도 똑같은 기법을 활용할 수 있으리라는 자신감을 심어주었다.

경로를 검증하는 방법을 살펴보았으니 이 책의 마지막 장인

8장에서는 최적의 결과에 도달하는 방법을 살펴보자.

요약

▶ 살다 보면 우리가 하거나 하지 않은 모든 행동이 의도한 결과로 이어지기도 하고 그러지 않은 결과로 이어지기도 한다. 힘든 상황에 휘말리면 이런 영향이 다소 과장된다. 타인에 대한 부정적 귀인 오류 때문에 다른 사람을 두고 최악을 가정할 수도 있고, 다른 사람들이 가진 당신에 대한 근본 귀인 오류 때문에 당신의 행동 중 의도와는 가장 거리가 먼 부분이 다른 사람들이 당신을 바라보는 관점에 매우 부정적인 영향을 미칠 수도 있다.

▶ 어떤 행동을 하거나 하지 않은 탓에 나타날 수 있는 의도치 않은 영향을 예방하거나 완화할 수 있도록 어떤 일이 벌어질지 미리 생각해보는 일이 무엇보다 중요하다. 어떤 문제가 발생할 수 있는지 미리 생각해보지 않으면 패턴 파괴 경로를 따르며 얼마나 신중하게 고민하든 이전보다 상황을 악화시킬 위험이 있다.

▶ 어떤 행동을 하거나 하지 않았을 때 자기 자신이나 타인에게, 그리고 현재와 미래에 어떤 영향이 있을지 생각해봐야 한다.

▶ 의도치 않은 일로 발생한 결과의 여파를 완화할 방법은 크게 두 가지이다. 먼저 그런 일이 발생하지 않도록 예방하고, 실제로 그런 일이 생길 경우에 대비한다.

▶ 의도한 결과를 얻으려면 먼저 안전한 환경에서 소규모로 패턴 파괴 행동을 검증하고 결과를 살펴본 다음, 필요하다면 패턴 파괴 행동을 조정해야 한다.

응용 훈련

패턴 파괴 경로를 검증하라[3]

▶ 앞을 내다보라. 당신이 설계한 패턴 파괴 경로가 어떤 의도치 않은 결과를 초래할 수 있는가? 그런 결과를 어떻게 예방하고, 그런 결과에 어떻게 대처할 것인가?

▶ 실험하라. 어떤 미니 실험을 진행할 것인가? 누가 실험의 참여자가 되어줄 것인가?

▶ 검토하라. 미니 실험의 결과를 기록하라. 당신의 의도대로 실험이 진행되었는가? 실험을 통해 무엇을 배웠는가? 부담이 큰 상황에서 실험 결과가 당신이 하는 행동에 어떤 영향을 미칠 것인가?

8장

최적의 결과를
선택하라

꿈과 현실은 정반대이다. 행동은 그 둘을 하나로 통합한다.

― 아사타 샤쿠르

이상적 미래와 패턴 파괴 경로를 따를 생각에 신날 수도 있겠지만 여전히 망설여질 수도 있다. 많은 사람이 그렇다. 패턴 파괴 경로를 따르기 위해 행동을 수정해야 하는 일 자체가 벅차게 느껴질 수 있고, 심지어 무서울 수도 있다. 샐리에게 만나자고 요청할 준비가 되었을 무렵 밥은 두 사람이 만나 상황이 더욱 악화될까 봐 샐리를 만나지 않으려고 작정하기도 했다.

당시 밥은 이렇게 생각했다. '이건 지금껏 내가 해온 행동과 아주 달라. 너무 이상해! 만약 효과가 없으면 어떡하지? 정말 해야 할까?' 어쩌면 여러분도 똑같이 생각하게 될지 모른다.

자신이 망설이는 이유를 파악하면 이런 질문에 답하기가 한층 쉬워진다. 일단 그 이유가 무엇인지 알아내면 패턴 파괴 경로를 따라 이동해야 할지, 아니면 다른 방법을 따라야 할지 훨씬 명확해질 것이다. 최적의 결과를 얻고 싶다면 나아가는 데 걸림돌이 되는 망설임의 이유를 먼저 해결해야 한다.

망설임의 이유

나아가기를 망설이는 이유는 대부분 네 가지이다. 각기 조금씩 다르지만 결국 목적은 같다. 그 목적이란 바로 편안하고 익숙한 곳에서 안락하게 지내고 싶은 마음이다. 안타깝게도 익숙한 곳에만 머물러 있으면 갈등고리에서 벗어날 수 없고, 결국 최적의 결과를 얻을 수도 없다.

실현할 수 없는 이상적 미래에 환상을 갖는다

경영팀을 컨설팅하기 위해 방문한 글로벌 금융 서비스 기업에서 나는 록산느라는 여성을 만났다. 당시 그 회사는 네 명의 수석 부사장 아래 있는 여러 팀이 협력하지 못하는 이유를 찾고자 내게 도움을 요청했다. 흔히 그렇듯 문제의 시발점은 상부에 있었다. 부사장들은 서로 끊임없이 싸우고 성과를 방해했다. 겉으로는 문제를 원만하게 해결하고 싶다고 이야기하면서도 하나같이 상대 뒤에서 험담을 늘어놓았으며 팀들이 왜 협력하지 못한다고 생각하는지 의견을 솔직히 털어놓지 않았다. 게다가 부사장들끼리 승계 문제를 한 번도 논의하지 않은 상태에서 두 부사장이 따로 나를 찾아와 5년 뒤 퇴직할 예정인 현 CEO를 뒤이어 회사의 CEO가 되고 싶다는 뜻을 내비쳤다.

수석 부사장 넷 중 가장 예리하고 컨설팅에 호의적이었던 인물이 바로 록산느이다. 록산느는 회사에서 18년 동안 승진을 거듭해 수석 부사장 자리까지 올랐으나 벽에 부딪힌 듯 답답한 기분에 사로잡혀 있었다. 그녀는 자신이 언젠가 뒤잇고 싶은 인물인 현 CEO 역시 지금의 갈등에 영향을 주었다고 이야기했다. 모든 것이 잘 갖춰진 집무실에서 보내는 시간보다 록산느를 제외한 나머지 부사장들과 골프 치는 시간이 더 많다는 점이 문제였다. 세 부사장은 모두 남성이었다. 어떤 이상적 미래를 꿈꾸는지 묘사해보라고 하자 록산느는 CEO를 비롯한 부사장들과 깊이 있고 솔직하게 지내고 싶다고 이야기했다. 록산느는 비즈니스와 서로의 관계에 대해 솔직하게 대화하겠다는 정신으로 경영진과 협력할 수 있는 패턴 파괴 경로를 설계했다. 주주들이 기대하는 결과를 얻으려면 그래야 한다는 사실을 잘 알았다. 그녀는 정확히 어떻게 하면 그런 미래에 도달할지 구체적으로 상상했다.

자신의 패턴 파괴 경로가 그동안의 노력과 어떻게 다른지 살펴본 결과 록산느는 이미 경영진과 대화하는 데 시간과 에너지, 재정 자원을 엄청나게 쏟아부었다는 사실을 깨달았다. 몇 년 동안 CEO의 경영 코치에게 조언을 들으며 그들과 대화해보려 노력을 많이 기울였지만 그 무엇도 도움이 되지 않았다. 그녀의 패턴 파괴 경로는 아무런 소용이 없었다. 기존 방식과 다른 점이 전혀 없었다.

아무리 애써도 CEO와 다른 수서 부시장들이 서로 솔직하게 대화를 나누는 일은 일어날 수 없다는 사실을 록산느가 깨닫는 데까지는 여러 해가 걸렸다. 이미 그들 사이의 불신은 뿌리 깊었고, CEO는 한발 물러난 채 아무것도 돕지 않았다. 대화를 위한 노력이 번번이 실패로 돌아갈 때마다 부사장들이 느끼는 절망감은 한층 깊어졌다.

록산느처럼 실현 불가능한 이상적 미래를 좇는다고 해서 상황이 반드시 악화되지는 않는다. 하지만 상황을 개선시킬 수도 없다. 실현할 수 없는 이상적 미래를 좇으면 결국 자연적으로 갈등에서 벗어날 수 없게 된다.

앞서 설명했듯 미래를 보도록 성공적으로 영감을 불어넣는 "나에게는 꿈이 있습니다" 연설과 도달할 수 없는 공상은 종이 한 장 차이이다.

이 둘의 차이를 구분하기 힘든 것은 두 가지 이유 때문이다. 첫째, 록산느처럼 다른 사람들과 함께 문제를 해결해나가고자 하는 욕구가 큰 사람은 이미 수차례 시도해 실패했는데도 계속해서 이상적 미래에 도달할 수 있다고 믿기도 한다.

특히 끈질긴 협력 추구형 갈등 습관을 지녔다면 7장에서 어떤 의도치 않은 결과가 나타날 수 있을지 고민했다 하더라도 자신을 둘러싼 실제 상황이 자신이 상상한 이상적 미래에 반영되어 있지 않을 가능성이 크다. 이런 경우라면 현실이 반영된 이상적 미래를 그리는 데 8장 내용이 도움이 될 것이다.

두 번째 이유는 좀더 복잡하다. 록산느가 그랬듯 심리적이고 감정적인 측면에서 안전한 영역에 머무르기 위해 무의식적으로 실현할 수 없는 이상적 미래를 설계했을 가능성이 있다. 의식 단계 어디에선가는 결코 실현될 수 없다는 사실을 잘 아는 이상적 미래를 상상하면 편안하다. 진정한 변화를 만들어내는 데 뒤따르는 고통은 피하면서 어쨌건 '애쓰고 있는' 기분이 들기 때문이다. 당신의 이상적 미래가 상상 속에만 존재한다는 사실을 무의식적으로 잘 알기 때문에 이상적 미래를 추구하더라도 안전하게 기분을 전환할 수 있다. 편안하고 익숙한 곳을 벗어나야 하는 위험 같은 것은 없다.

실현할 수 없는 도피성 대안에 환상을 갖는다

망설임의 첫 번째 이유는 실현 불가능한 이상적 미래에 대한 환상 때문이며, 두 번째 이유는 이와 반대로 실현 불가능한 도피성 대안에 대한 환상 때문이다.

도피성 대안이란 갈등 상황과 관련된 사람들에게서 멀어지거나 그들과의 관계를 끊는 방법 등을 이용해 갈등으로부터 자유로워지는 모습을 상상하는 시나리오를 뜻한다.

우리가 갈등고리에 갇히는 원인 한 가지는 도피성 대안이 끔찍하게 느껴지기 때문이다. 그렇지 않다면 갈등과 관련된 사람들을 떠나거나 또 다른 행동을 함으로써 손쉽게 갈등에서 빗어날 수 있다. 하지만 반복되는 갈등 상황에서 도피하면 비용을 너무 많이 치러야 하는 탓에 선택할 수 있는 폭이 좁아지고 갈등에서 벗어나기도 매우 힘들어진다.

밥도 마찬가지였다. 밥은 샐리를 해고한다는 도피성 대안을 선택할 수 있으리라고는 생각하지 않았다. 만약 샐리를 해고한다면 얼마가 됐든 남아 있는 우정이 모두 사라질 뿐 아니라 그동안 샐리와 함께 쌓아온 고객 관계와 비즈니스 지식도 모두 사라질 것이 틀림없었기 때문이다. 밥은 이런 대가를 치르고 싶지 않았다. 사실 샐리의 해고에 뒤따르는 비용이 너무 크게 느껴져 그런 대안 자체가 실현 불가능해 보였다. 해고라는 도피성 대안은 밥에게 샐리와의 갈등에서 벗어날 수 있는 경로를 제시하지 못했다.

역설적이게도 커다란 비용을 치러야 하고 실현 가능성이 없다는 문제점이 있는데도 우리는 계속해서 도피성 대안을 꿈꾼다. 생각을 실현할 수 없는데도 밥은 줄곧 샐리를 해고한다고 상상했다. 패턴 파괴 경로를 따라 이동하는 일이 초조할 때면 샐리를 정리하는 대안을 떠올리며 불안감을 어느 정도 누그러뜨렸다. 그러면 이전과는 달리 새롭게 행동해야 한다는 현실에서 비롯하는 초조함을 잊을 수 있었다. 뿐만 아니라 갈등에서 벗어나지 못해 나날이 심각해지는 분노와 좌절감, 슬픔에 대처해야 한다는 압박감에서도 벗어났다.

밥이 그랬듯 실현 불가능한 도피성 대안을 상상하면 그 순간에는 기분이 나아질 수도 있다. 행동을 바꾸고 이상적 미래를 좇아야 한다고 생각할 때 자연스럽게 뒤따르는 두려움이라는 감정에서 벗어날 수 있어 일종의 진통제 역할을 하기 때문이다. 실현 불가능한 도피성 대안을 상상하면 좌절감, 분노, 혐오감, 죄책감, 슬픔 등 갈등에 매몰되어 있을 때 자연스럽게 발생하는 고통스러운 감정이 아닌 다른 곳에 관심을 기울이게 되어 이런 감정들을 약화시킬 수 있다.

문제는 이런 환상에 빠져 있으면 실제로 상황을 개선하는 데 도움이 되는 일을 할 수 없고, 결국 우리와 다른 사람들 모두 갈등에서 벗어날 수 없다는 점이다.

COO 자리를 놓고 상사 하비에르나 동료 아키코와 갈등을 빚었던 타라를 생각해보자. 어느 날, 타라는 자신이 고려하고 있는 도피성 대안에 관해 들려주었다. 타라가 고려하는 도피성 대안은 최대 경쟁사의 CEO인 단테 밑에서 일하는 것이었다.

타라의 이야기를 듣고 나는 경쟁사로 이직하는 문제에 대해 단테와 계속 이야기 나눌 생각인지 물었다. 타라는 이미 지난 수년간 몇 차례에 걸쳐 단테와 이직 문제를 논의했지만 매번 여러 가지 이유로 타라가 단테 회사의 적임자가 아니라는 데 두 사람 모두 동의했다고 답했다.

역설적이게도 이미 이직 기회에 대해 충분히 고민했을 뿐 아니라 경쟁사가 자신에게 딱 맞는 회사가 아니라는 데 동의했는데도 타라는 단테가 얼마나 멋진 사람인지, 함께 일할 기회가 찾아오기만 한다면 단테와 얼마나 멋진 업무 관계를 만들어나가게 될지에 대해 말을 이어나갔다.

이직이라는 대안에 환상을 품는 일이 하비에르나 아키코와 반복 중인 현 상황에서 비롯한 고통을 잊는 데 도움이 되었을 수도 있다. 하지만 그런 환상은 타라를 비롯해 어느 누구에게도 갈등을 벗어나는 데 도움이 되지 않았다. 오히려 이직에 대한 환상 때문에 타라는 갈등에서 벗어나지 못했다. 실제로 상황을 개선하기 위해서는 전혀 노력하지 않고 마음속으로 환상만 품었기 때문이다.

도피성 대안에 환상을 품을 때 발생하는 더욱 심각한 문제는 환상을 품고 있다는 사실 자체를 거의 깨닫지 못하거나 환상이 갈등고리에서 빠져나오는 데 어떻게 방해되는지 좀처럼 의식하지 못한다는 점이다. 단테의 회사에서 일하게 될 가능성에 대해 좀더 자세히 이야기해달라고 요청한 뒤에야 타라는 이직이 실현 가능한 대안이 아니라는 점을 인정했다.

도피성 대안이 실현 가능하지 않다고 인정하기가 힘들 수도 있다. 그 같은 사실을 인정하면 현 상황을 둘러싼 냉엄한 현실을 직시해야 한다는 점을 잘 알기 때문이다.

도피성 대안이 이상적 미래보다 나을 때도 있다

망설임의 세 번째 이유는 실제로 이상적 미래보다 도피성 대안의 실현 가능성이 큰데도 도피성 대안은 실현 가능성이 없다고 가정하는 것이다.

만약 회사를 관둔다면 어떻게 할 것인지 물어보자 록산느는 다른 회사의 고위직으로 옮길 가능성에 대해서도 이따금 생각해본 적 있지만 그런 대안을 좇으면 자신과 가족이 감당해야 할 비용이 너무 커 진지하게 고민하지는 않았다고 답했다.

록산느는 도피성 대안을 택하면 새로운 도시로 이사할 수밖에 없다고 여겼으며, 이사에 따르는 모든 비용을 지불할 의사가 없었다. 다른 도시로 자리를 옮기면 이사 과정 자체에 신경을 많이 써야 하고, 아이들을 새 학교로 전학시켜야 하며, 새로운 친구를 사귀어야 하고, 새로운 주치의를 찾아야 하며, 무엇보다 새로운 회사에서 또다시 높은 자리로 올라가기 위해 고군분투할 수밖에 없었다.

하지만 록산느는 도피성 대안을 선택할 때 발생하는 비용과 자신이 상상하는 이상적 미래에 수반되는 비용을 비교해본 뒤 다른 도시로 이동했을 때 드는 비용이 현재 회사에 남았을 때 감당해야 할 비용보다 낮아 보인다는 사실을 깨닫고 크게 놀랐다.

이사에 따르는 비용을 감당하고 싶지는 않았지만 상황을 개선하려고 끊임없이 애쓰고도 결국 실패하는 현실에서 느끼는 좌절감의 비용이 훨씬 컸다.

맨 처음 생각했을 때에 비해, 특히 이상적 미래에 비해 실현 가능성이 크고 비용은 낮은 도피성 대안이 있는가?

변화에 대한 두려움과 갈등에 익숙해진 마음

지금껏 살펴본 망설임의 여러 이유에도 우리가 망설이는 가장 흔한 이유는 이상적 미래를 좇기 위해 행동을 바꿔야 한다는 가능성 자체가 위협적이거나 매우 두렵게 느껴지기 때문이다.

우리는 행동을 바꿨을 때 으레 수반되는 불편한 감정을 피하려고, 앞으로 나아가지 않더라도 마찬가지로 불편한 감정을 느낄 수밖에 없다는 사실을 외면한다.

갈등에 파묻히면 몇 번째인지 헤아릴 수도 없을 만큼 수없이 무언가를 개선하기 위해 애쓰다 처참하게 실패하기를 반복하고 벽에 머리를 찧으며 좌절감에 빠져든다. 갈등 자체가 초래하는 분노나 두려움, 슬픔, 혐오감도 사라지지 않는다.

역설적이게도 갈등이 오랫동안 지속되면 갈등에서 비롯한 불편감이 '뉴노멀'new normal처럼 느껴지기도 한다. 그러면 이 감정을 인식하기가 점점 어려워진다. 심지어 이런 감정들이 엄청난 타격을 주는데도 느끼지 못하게 된다. 실제로는 전혀 그렇지 않은데도 갈등 속에 파묻힌 상황을 이따금 편안하게 느낄 수도 있다.

기존의 갈등 속에 그대로 머무르면 얼마나 많은 비용을 치러야 하는지 지금부터 냉정하게 살펴보자. 이 활동은 편안하게 느껴질 수도 있지만 실제로는 그렇지 않은 상태에 만족하며 시간을 더 많이 낭비할지, 아니면 다른 방안을 택할지 결정할 수 있도록 도울 것이다.

의식적으로 평가하라

다양한 망설임의 이유를 명심하고 각 선택 방안, 즉 이상적 미래와 현재의 갈등 상황에 머무르는 방안, 도피성 대안의 실현 가능성, 비용, 편익을 비교해보자. 비교를 통해 최적의 결과를 찾아낼 수 있다. 다른 사람들과 자신이 처한 상황을 고려해 당신이 상상할 수 있는 최상의 결과가 무엇인지 파악할 수 있다.

그동안 고객과 학생 수백 명을 만나본 경험으로 미루어보면 의식적으로 이 같은 평가를 진행하지 않더라도 결국 무의식적으로 평가하게 된다.

하지만 무의식적으로 평가하면 생각을 명확하게 정리할 수 없다. 의도적으로 선택하지 않으면 이상적 미래와 도피성 대안에 대해 환상을 키우며 시간을 보내게 된다. 실제로 이상적 미래나 도피성 대안을 추구하지는 않으면서 자연스럽게 현재의 갈등 상황에 머무르게 된다. 결국 그 누구에게도 도움 되지 않는 상황이 된다.

어떤 선택 방안이 있는지 명확하게 파악하려면 불편한 진실을 정면으로 마주해야 할 수도 있다. 하지만 불편한 진실을 마주하는 것이 최적의 결과를 찾아내고 갈등고리에서 벗어날 수 있는 유일한 방법이다.

이상적 미래의 실현 가능성을 평가하라

당신이 상상한 이상적 미래가 실현 가능한지, 아니면 한낱 몽상에 불과한지 자신에게 물어보자. 방해물이 되거나 돕고 싶어 하지 않을 만한 사람이 있는가?

몇 년 동안 갈등을 겪은 뒤 자신이 상상한 이상적 미래의 실현 가능성을 평가한 록산느는 다른 수석 부사장들이나 CEO와 진솔하게 대화하고 싶다는 바람이 현실과 맞지 않는다는 사실을 인정했다. 이미 수년간 부단히 노력했으나 그 결과는 항상 형편없이 실패로 끝났다. 이제 다른 무언가를 시도해야 할 때였다.

이상적 미래의 비용과 편익을 평가하라

당신의 이상적 미래를 실행할 수 있다면 그 과정을 추구했을 때 어떤 비용을 지불하게 될까?

밥과 샐리의 상황으로 돌아가보면 밥이 이상적 미래를 추구했을 때 지불하리라고 예상되는 가장 큰 비용은 밥이 겪을 불편함이었다. 밥은 샐리에게 소리 지르지 않고 심호흡하는 일이 얼마나 힘들지, 좀더 계획적으로 행동하는 한편 회의에 앞서 샐리에게 새로운 연봉안을 전달하려면 얼마나 노력해야 할지 생각했다. 먼저 자신의 행동을 사과하고 재정적인 변화 때문에 샐리가 느낄 불편함을 인정하는 말로 대화를 시작해야 한다는 점을 비롯해 자신이 말하고자 하는 모든 내용을 기억하기도 쉽지 않을 듯했다. 말이 제대로 나오지 않으면 샐리가 자신을 오해해 자칫 상황이 더욱 나빠질까 봐 염려되었다.

하지만 이상적 미래를 좇았을 때 얻을 편익은 엄청났다. 새로운 연봉 협상안이 체결되면 샐리에게 지급할 급여가 줄어 어려움을 겪고 있는 부서에 재투자할 재원이 생기며, 샐리가 가진 전문 지식과 비즈니스 지식, 고객 관계를 잃지 않아도 되고, 두 사람의 이해와 신뢰 그리고 우정을 다시금 키워나갈 수 있을 터였다.

갈등 상황에 머무를 때의 비용과 편익을 평가하라

갈등 상황에 머물러 있는 탓에 이미 어떤 비용을 지불했는가? 어떤 비용을 계속 지불해야 하는가? 갈등 상황에 머무를 때 얻을 수 있는 장점이 있는가?

밥은 샐리와의 우정이 나날이 악화되는 모습을 지켜보면서 회사의 다른 부문에 투자해야 할 돈을 샐리의 과도한 급여로 계속해서 지출하는 상황을 견디는 일이 고통스러우리라 예상했다.

그는 이미 샐리를 무시한 데서 비롯한 대가를 치르고 있었다. 함께 업무를 해야만 하는 상황인데도 샐리와 대화하지 않는 탓에 같이 계획을 세우고 문제를 해결해나갈 수 없었다. 두 사람이 협력하지 않자 회사와 고객 역시 더욱 힘든 결과를 감당하게 되었다. 복도에서 인사조차 하지 않고 샐리를 지나치는 일도 어색했다.

갈등 상황에 머물러 있을 때 밥이 얻을 편익은 매우 적었다. 하지만 밥은 그 상황에 머물러 있으면 이상하게 편안한 면이 있다고 인정했다. 가령 샐리와 대화하지 않으니 더 이상 그녀를 화나게 할 위험이 없었고, 새로운 상호작용 방법을 검증할 필요가 없었다. 갈등 상황에 머무르는 쪽을 택한다면 그동안 해온 방식대로 행동하는 것으로 충분할 터였다. 갈등 상황에 머무르자 어느 정도 안락함과 안도감이 찾아왔다.

도피성 대안의 실현 가능성, 비용, 편익을 평가하라

이번에는 어떤 도피성 대안이 있는지 생각해보자. 도피성 대안은 실현 가능한가, 아니면 그렇지 않은가?

실현 가능하다면 그 대안을 추구할 경우 어떤 비용을 지불해야 하는가? 어떤 편익이 생길 수 있는가?

밥은 샐리를 해고하는 환상을 품었다. 논리적으로 따진다면 얼마든지 샐리를 정리할 수 있지만 실제로 행한다면 엄청난 비용을 지불해야 할 터였다. 밥은 샐리를 해고하면 두 사람의 우정과 샐리가 공들여온 고객 관계, 그녀가 활용해온 비즈니스 지식과 전문 지식이 모두 사라질 것이라는 두려움에 사로잡혔다.

샐리를 해고했을 때 얻을 수 있는 편익으로는 샐리 후임자에게 지급할 급여가 줄어든다는 점, 더 이상 샐리의 돈 문제를 신경 쓰거나 기분 나쁠 때마다 신경질 부리는 태도를 참아줄 필요가 없다는 점 등이 있었다.

비용과 편익을 비교하라

도피성 대안과 이상적 미래, 갈등 상황에 머무르는 방안의 비용과 편익을 평가했다면 이번에는 각 방안을 서로 비교해보자.

밥이 비교한 내용을 표로 그려보면 다음과 같다.

이상적 미래 : 관계를 바로잡고 새로운 연봉안을 제안한다	갈등 상황 유지 : 아무것도 하지 않는다	도피성 대안 : 샐리를 해고한다
예상 비용 • 새로운 행동을 시도해야 한다. • 무섭게 느껴진다 : 만약 해내지 못한다면 어떻게 될까?	• 관계가 악화된다. • 계속해서 샐리에게 너무 많은 연봉을 줘야 한다. • 회사와 고객이 한층 나쁜 결과를 감당해야 한다. • 어색한 침묵을 견뎌야 한다.	• 오랜 우정을 잃는다. • 고객 관계가 사라진다. • 회사와 고객에 대한 지식이 사라진다 • 전문 지식이 사라진다.
예상 편익 • 지출이 줄어든다. • 샐리의 전문 지식과 회사 및 고객에 관한 지식이 사라지지 않는다. • 서로 이해와 신뢰가 높아질 가능성이 있다.	• 회사 책임자로서 문제를 해결하기 위해 전력을 다해야 한다는 의무감에서 벗어나 편안함과 안도감을 느끼게 된다. • 샐리의 적대감을 다시 자극할 필요가 없다.	• 비용을 더 적게 들여 다른 사람을 고용할 수 있다. • 더 이상 샐리의 돈 문제를 참거나 기분 나쁠 때마다 신경질부리는 태도를 견딜 필요가 없다.

| 밥의 평가 |

밥이 그랬듯 이런 평가 과정을 통해 이상적 미래가 최적의 결과, 즉 비용은 가장 낮고 편익은 가장 높으며 실현 가능성이 있는 방안이라는 사실을 깨달을 수도 있다.

밥은 망설임의 이유가 이상적 미래나 패턴 파괴 경로의 비용

	이상적 미래 : 협력한다	갈등 상황 유지 : 아무것도 하지 않는다	도피성 대안 : 새로운 일자리를 찾는다
예상 비용	• 계속해서 실망과 좌절을 느낀다. • 협력하려고 시간과 노력을 들이지만 결국 부실한 결과만 남는다. • 협력을 위한 노력이 효과를 발휘하지 못하면 계속해서 재정적인 손실을 겪게 된다. • 우리가 서로 차이를 좁히지 못한 탓에 잔뜩 화난 채 환멸을 느끼는 직원들을 마주해야 한다.	• 우리가 협력하지 못한 탓에 계속해서 재정 손실을 감당해야 한다. • 매일 좌절과 분노를 느낀다. • 우리가 서로 차이를 좁히지 못한 탓에 잔뜩 화난 채 환멸을 느끼는 직원들을 마주해야 한다.	• 새로운 집, 주치의, 나와 아이들의 새 친구를 찾는 데 드는 수고 등 이사 비용을 고려해야 한다. • 새로운 회사에서 승진하기 위해 애써야 한다.
예상 편익	• 어쩌면 이번에는 일이 다르게 진행되어 협력 방법을 찾을 수 있을지도 모른다.	• 굳이 무언가를 바꿀 필요 없이 흐름을 따르면 된다.	• 새로운 것을 배우게 된다. • 진정한 변화를 만들 수 있다. • 직장에서 다시 자극과 즐거움을 느낄 수 있다.

| 록산느의 평가 |

이 높거나 실현 가능성이 없어서가 아니라는 사실을 깨달았다. 밥의 도피성 대안은 추구할 만한 가치가 없었다. 도피성 대안을 추구하면 이상적 미래를 추구할 때보다 비용을 훨씬 많이 치러야 했다. 밥의 망설임은 이상적 미래를 추구하기 위해 행동을 바

꿔야만 한다고 예상할 때 자연스럽게 뒤따르는 두려움 때문이었다.

하지만 반대로 도피성 대안이 이상적 미래보다 오히려 비용이 덜 들 수도 있다. 평가 내용을 적어 내려가던 록산느 역시 이같은 사실을 깨달았다.

록산느는 비교 결과가 나열된 종이에서 눈을 뗄 수 없었다. 이 분석으로 자신이 생각한 도피성 대안이 이상적 미래를 추구하거나 갈등 상황에 머무르는 방안보다 비용은 낮고 편익은 크다는 사실을 깨달았다. 자신의 도피성 대안이 전혀 환상이 아니라는 사실이 분명해졌다. 록산느에게는 도피성 대안이 바로 최적의 결과였다. 하지만 밥과 마찬가지로 록산느 역시 변화를 걱정했다.

최적의 결과를 찾아내라

자신에게 가장 도움이 되는 최적의 결과가 무엇인지 찾아내려면 이상적 미래, 갈등 상황 유지, 도피성 대안의 실현 가능성을 평가해야 한다. 그런 다음 실행할 수 있는 모든 방안의 비용과 편익을 서로 비교해야 한다. 비용이 가장 낮고 편익은 가장 크며, 실행 가능한 방안이 바로 당신이 찾아낼 수 있는 최적의 결과이다.

이런 과정을 통해 선정한 최적의 결과를 좇기로 한다고 해서

차후 다른 방안을 탐색할 수 없는 것은 아니다. 하지만 갈등에서 벗어나고 싶다면 먼저 한 가지 방안을 선택할 필요가 있다.

최적의 결과를 아직 찾아내지 못했다면 아래와 같은 구분법을 이용해보자.

비용이 가장 낮은 방안을 최적의 결과로 받아들여라

밥이 그랬듯 당신의 이상적 미래가 비용이 가장 낮고 편익은 가장 큰 방안이라면 이상적 미래를 선택한 다음 '최적의 결과'라고 이름 붙이자.

실현할 수 없는 도피성 대안에 대한 환상을 버려라

실현 불가능하고 현실과 맞지 않는 도피성 대안과 직면하는 일이 중요하다. 물론 쉽지 않겠지만 반드시 필요한 과정이다. 실현할 수 없는 도피성 대안에 대한 환상을 붙들고 있는 일은 사실상 갈등 상황에 머무르는 쪽을 택하는 일과 다르지 않다. 자신이 그렇게 행동하고 있다는 사실을 의식적으로 깨닫지 못하더라도 결과는 마찬가지이다.

이미 도피성 대안이 실현 불가능하다는 결론을 내려놓고도 계속 도피성 대안을 좇으면 결국 좌절감에 빠질 뿐이다. 아무리 노력해도 도피성 대안을 현실로 만들 수 없어 결국 초기 상태, 즉 갈등 상황에 머무르게 되기 때문이다. 그동안 똑똑하고 좋은 사람들이 이런 과오를 저지르는 사례를 수없이 봤다. 독자 여러분은 그런 일을 겪지 않기를 바란다.

레이 달리오는 저서 『원칙』*Principles: Life and Work*에서 다음과 같이 기술했다.

현실을 받아들이고 잘 대처하는 일이 무엇보다 중요하다. 현실이 실제와 다르게 돌아가거나 당신의 현실이 지금과 다르기를 바라는 흔하디흔한 덫에 빠져서는 안 된다. 그보다는 현실을 받아들이고 효과적으로 대처해야 한다. (…)

좋은 결과를 얻으려면 진실, 좀더 분명히 이야기해 현실에 대한 정확한 이해가 반드시 전제되어야 한다.[1]

그러니 냉엄한 현실을 직면하고 실현 불가능한 도피성 대안은 잊어야 한다. 그래야만 이전과는 다르고 좀더 실현 가능성이 큰 경로를 따라가 갈등 상황에서 벗어날 수 있다.

쉽지는 않았지만 타라는 기존 회사를 떠나 단테의 회사에서 일하는 것이 실현 불가능한 도피성 대안이라는 사실을 인정했다. 이직이 실현 불가능한 도피성 대안이라는 사실을 인정하는 순간 하비에르와의 문제가 해결되기 시작했다. 타라가 처음으로 문제 해결에 전념했기 때문이다.

타라는 하비에르가 나쁜 행동을 할 때마다 지적했다. 하비에르가 소리를 지를 때마다 대화를 멈추고 그의 부정적인 감정이 감정의 주인인 하비에르 본인에게 되돌아가게 했다. 타라는 하비에르가 별안간 화내도 더 이상 슬그머니 사무실을 빠져나가지 않았다. 힘든 상황이 벌어지면 아키코에게 정신적으로 의지하기도 했다. 하비에르는 타라와의 사이에 케케묵은 갈등 패턴이 생겨난 데에는 자신의 책임도 있으며, 타라가 더는 자신의 뜻대로 움직이지 않는다는 사실을 깨닫자 달리 행동하기 시작했다. 속도는 더뎠지만 확실히 변화가 나타났다.

타라가 그랬듯 당신이 생각해낸 실현 불가능한 도피성 대안이 당신의 마음속에 존재하는 안전한 도피처이자 갈등의 고통을 줄여주는 연고 역할을 해왔다는 사실을 인정하자. 실현 불가능한 대안에 대한 백일몽을 꾸면서 갈등 상황에 머물러 있는 일이 편안하게 느껴질 수도 있다. 하지만 이런 상황이 지속되면 실현 가능성이 더 큰 이상적 미래, 다시 말해 당신을 갈등고리에서 영원히 해방시켜줄 수 있는 잠재력을 지닌 최적의 결과를 만들어내는 데 집중하기 힘들 뿐이라는 사실을 기억해야 한다. 이룰 수 없는 환상은 버려야 한다.

도피성 대안의 비용이 이상적 미래의 비용보다 낮다면 도피성 대안을 이상적 미래로 받아들여라

록산느의 경우처럼 도피성 대안이 그리 환상이 아니라는 점이 밝혀지면 도피성 대안에 최적의 결과라는 이름을 붙여주자. 그러면 갈등에서 벗어나 예상치 못한 기쁨을 누릴 수도 있다. 록산느는 도피성 대안이 최적의 결과라는 사실을 인정하고 그 대안을 좇았다. 진솔한 의사소통이라는 자신의 욕구에 부합하는 조직 문화를 지닌 회사를 찾기로 했다. 그렇게 결정 내리는 순간 온몸의 긴장감이 풀리는 것을 느끼고 록산느는 놀랐다. 몇 달 동안 경직되어 있었던 목이 갑자기 한결 편안해졌다. 마음도 가벼워졌다. 몇 년 동안 느끼지 못한 감정이었다. 8장 후반부에서 록산느에게 어떤 일이 일어났는지 좀더 살펴보자.

비용을 낮출 방법을 찾았다면 방안을 수정하라

록산느는 일단 본격적으로 구직 활동을 시작하면 지금 살고 있는 도시에서 새 직장을 찾을 수 있을지 궁금해졌다. 같은 도시 안에서 이직처를 구하는 일이 현실적으로 가능하다면 이직 비용을 사실상 0으로 낮출 수 있었다.

수정된 최적의 결과를 반영해 패턴 파괴 경로를 재설계하라

선택할 수 있는 방안 중 무언가를 수정했다면 변화를 반영해 패턴 파괴 경로를 업데이트해야 한다. 록산느는 이상적 미래를 수정했기 때문에 패턴 파괴 경로를 재설계해야만 했다. 록산느가 처음 설계한 패턴 파괴 경로는 기존 수석 부사장 팀 안에서 대화

를 끌어내는 것이었다. 하지만 록산느가 수정한 패턴 파괴 경로
에는 다른 회사로 이직할 기회를 찾기 위한 단계가 포함되어 있
었다. 록산느는 이 단계에 '헤드헌터에게 연락하기'라고 이름 붙
였다.

용기를 내라

최적의 결과를 찾았는데도 여전히 망설이고 있다면 그런 불편
한 감정이 지극히 자연스럽다는 사실을 명심해야 한다. 사실 패
턴 파괴 행동을 취해야 한다고 생각하면서도 전혀 불편하지 않
다면 그야말로 이상한 일이다. 과거의 패턴을 파괴한다는 생각
만으로도 불편감을 느끼는 것이 인간 본성이다.

따라서 나아가든 머무르든 마음이 약간 불편할 수밖에 없다
는 사실을 잊지 않는 것이 중요하다. 우리가 생각해봐야 할 문제
는 '불편한 마음이 드는가 그렇지 않은가'가 아니라 '어떤 종류
의 불편한 마음을 선택할 것인가'이다. 새로운 패턴 파괴 행동에
서 비롯된 불편함을 선택할 것인가? 그러지 않으면 갈등에 머물
러 있는 데서 비롯한 불편함을 선택할 것인가?

불편함에 대처하는 최고의 방법은 '용기 근육'courage muscle을
키우는 것이다.

가장 용기 있게 상황을 호전시킨 인물 중 하나로 서비스형 소프트웨어SaaS 회사의 카리스마 넘치는 공동 설립자이자 CTO(최고기술책임자)인 니코를 들 수 있다. 니코의 회사는 20대 젊은이 몇몇이 컴퓨터 앞에 붙어 앉아 빈손으로 키워낸 전형적인 스타트업이었다. 불과 몇 년 사이 회사는 3개국에 진출하며 직원 200명 규모의 회사로 성장했다. 최근에는 시리즈 C(안정적인 비즈니스를 구축한 뒤 추가로 자금을 조달하는 단계-옮긴이) 자금 조달을 위해 설립 이후 처음으로 인사 책임자까지 고용했다.

인사 책임자가 가장 먼저 우려 대상으로 지적한 인물은 놀랍게도 니코였다. 먼저 여러 직원이 니코의 야한 농담이 불편하다는 의견을 표출했다. (당시는 성차별적인 리더십 문화로 우버의 시장 가치가 크게 타격을 입은 직후라 직장 내 성평등 문제가 사람들의 이목을 한창 끌고 있었다. 당연하게도 새롭게 채용된 인사 책임자 역시 이런 문제에 민감하게 반응했다.) 게다가 동료들은 니코가 나날이 성장하는 큰 회사의 CTO가 아니라 작은 회사의 공동 설립자처럼 행동한다고 생각했다. 니코는 동료들이 자신의 의견에 동의하지 않을 때마다 화내며 주도권을 잃지 않으려 애썼다. 그는 동료들의 권위를 무시했고, 동료들은 낙담해 사실상 뒷전으로 밀려난 듯한 기분에 빠지기도 했다. 인사 책임자는 내게 니코를 맡아달라고 부탁하며 고개를 가로저었다. "이 정도 규모 회사 CTO로 일할 수 있을 만한 사람인지 모르겠어요. 일단 당신을 믿어볼게요."

니코는 좋은 사람처럼 보였고, 자신의 농담이 동료들을 불쾌하게 할 줄 몰랐다는 그의 말도 왠지 진정성 있게 들렸다. "저는 친구들과 이 회사를 시작했어요. 제가 농담하면 그게 농담이라는 것 정도는 아는 친구들이죠. 하지만 이제 회사가 너무 커졌는데 제 생각이 짧았어요."

CTO로서 도를 넘을 때가 있다는 피드백을 받아들이는 것은 더욱 힘든 일이었다. 그 같은 피드백을 전해 들은 니코는 즉각 방어적인 태세를 취했다. "저는 이 회사를 진심으로 아낍니다. 그래서 누군가 바보 같은 행동을 하면 화가 납니다. 게다가 저희는 직원들이 생각을 솔직하게 이야기하고 투명하게 굴기를 바랍니다. 저도 그래야 하고요." 산만하고 격식을 따지지 않는 스타트업에서 강력한 성장 엔진으로 회사를 키울 수 있도록 건설적으로 소통할 방법에 대해 우리는 긴 대화를 나눴다.

나는 다면 평가 자료를 정리해 니코에게 몇 가지 사항을 권고하고, 실천 방안을 작성해 함께 검토해보자고 제안했다. 얼마 뒤 니코는 자신이 당장 실행할 세 가지 거대한 변화를 요약한 정식 프레젠테이션을 준비해 왔다. 자료의 전반적인 내용은 '당신이 만나는 모든 사람은 당신이 전혀 알지 못하는 힘든 전쟁을 치르고 있으니 모두에게 친절하라'라는 경구에 담긴 깨달음을 실천하는 사람이 되겠다는 약속이었다. 니코의 실천 방안에는 CTO로서의 역할과 공동 창립자로서의 역할을 구분하고, 회사 중역으로서의 존재감을 키우며, 직속 부하들을 포함한 동료들에게 좀더 건설적으로 피드백하도록 노력하겠다는 내용이 포함되어 있었다. 프레젠테이션을 지켜보니 그는 더 이상 동료들의 피드백에 방어적으로 대응하지 않았다. 전과는 다른 리더십을 발휘할 준비가 되어 있었다.

그로부터 석 달 뒤, 나는 인사 책임자의 사무실에서 그와 서로 주먹을 맞대며 인사했다. "정말 잘하셨어요. 니코가 완전히 달라졌어요." 니코는 내게 행동을 바꿔야 한다는 사실이 불편하고 무섭게 느껴지기까지 했다고 털어놓았다. 하지만 자신의 전부를 쏟아부은 회사를 성공시키려면 변화가 필요하다는 사실을 떠올려가며 힘든 시간을 견뎌냈다고 이야기했다.

변화가 힘든 이유는 불편함을 초래할 뿐 아니라 그 자체로 두렵기 때문이다. 하지만 인간이라면 두려움을 느낄 수밖에 없으며, 그 감정을 없애려 애쓰는 일은 현실적이지 않다. 변화에 대한 두려움에 대처하는 최고의 방법은 용기를 내는 것이다. 넬슨 만델라의 이야기를 떠올려보자. "용기란 두려움이 없는 상태가 아니라 두려움을 극복하는 것이다. 용감한 사람이란 두려움을 느끼지 않는 사람이 아니라 두려움을 극복하는 사람이다."

과학 용어를 빌려 용기와 두려움의 관계를 생각해보면 도움이 될 수 있다. 생물학에서 설명하는 편리공생 관계를 생각해보자. 편리공생이란 한 유기체는 다른 유기체와의 관계에서 엄청난 이익을 얻지만 다른 유기체는 해당 유기체로부터 도움도, 피해도 받지 않는 관계를 뜻한다.

용기와 두려움은 편리공생 관계이다. 용기가 커지려면 두려움이 필요하고, 두려움을 극복하면 용기가 솟구친다. 용기가 커지면 그만큼 두려움이 줄어든다. 하지만 그렇다고 해서 용기가 두려움을 해치거나 망가뜨리는 것은 아니다. 두려움은 항상 그곳에 있을 테지만 두려움 없이는 용기를 낼 수 없다. 니코는 제역할을 하지 못해 회사를 망칠 수도 있다는 두려움 때문에 용기를 낼 수 있었다.

뉴햄프셔 하이킹 트레일에서 내가 그랬던 것처럼 당신의 마음속에 스며든 두려움이라는 감정에 말을 걸어보는 것도 좋다. 당신을 염려해준 데 감사를 전한 다음 이제 그냥 내버려두라고 이야기해보자.

망설임의 이유를 찾아내고, 두려움에 말을 건네고, 건설적인 행동을 하면 불편한 마음을 있는 그대로 느낀 다음 그 기분에서 벗어날 수 있을 것이다.

최적의 결과가 안겨주는 보상을 누려라

록산느는 가족을 모두 데리고 서부 해안에 있는 새로운 도시로 이주했다. 처음에는 예상대로 변화를 받아들이기가 쉽지 않았다. 다섯 살 난 막내부터 열여섯 살 첫째까지 가족 구성원 모두 새로운 환경에 적응하느라 힘든 시간을 보냈다. 새 친구를 사귀는 데 어려움을 겪은 아이도 있고, 동부에서와 같은 조건으로 운동할 수 없게 된 아이도 있었다. 하지만 몇 달이 지나자 록산느와 자녀들은 모두 새로운 곳에서 살아갈 방법을 찾기 시작했다.

록산느가 매일같이 경험하는 업무 환경을 생각하면 그 정도 노력을 감수할 만했다. 록산느는 함께 일하는 팀을 매우 좋아했다. 새 회사의 경영팀은 업무 관계와 비즈니스에 대해 일상적으로 진솔하게 대화를 나눴다. 록산느와 완벽하게 맞았다. 그동안 쌓아온 국제 경험 덕에 록산느는 동료들 사이에서 두각을 나타내기도 했다. 그녀는 은퇴를 앞둔 CEO를 뒤이을 주요 후보 중 한 사람으로 꼽혔다.

타라는 용기를 내 COO 자리를 아키코에게 양보했다. 그리고 자신을 위해 하비에르와 최고 디자인 책임자라는 직책을 만들기로 했다. 타라의 핵심적인 강점을 활용하는 자리였다.

밥은 용기를 내 샐리와의 침묵 전쟁을 끝내고 만남을 요청했다. 샐리는 요청에 응했고 두 사람은 머지않아 약간은 초조하지만 희망찬 마음으로 마주 보고 앉았다. 밥은 길모퉁이에서 말다툼을 벌인 일에 대해 먼저 이야기 나누고 싶고, 새로운 연봉안에 관해서는 머지않아 따로 논의했으면 한다고 말하며 대화를 시작했다.

샐리가 고개를 끄덕였다.

밥은 심호흡한 뒤 자신이 그날 거리에서 샐리의 허를 찔렀다는 사실을 깨달았다고 털어놓았다. 미리 알리지도 않고 민감한 이야기를 끄집어냈다는 사실을 인정했다. 그런 친구나 사장이 되고 싶지 않으며 앞으로는 더욱 바람직하게 행동하겠다고 전했다. 지난 몇 달 동안 많이 생각했고 그만큼 배웠다고도 이야기했다.

밥은 협력을 향한 갈망과 회사 CEO로서 명확히 결정해야 할 필요성 사이에서 균형을 잘 잡고 싶다고 말했다. 협력해야 할 때와 좀더 권위 있고 결단력 있게 굴어야 할 때를 구분하는 방법을 배우고 있다고도 인정했다.

그런 다음 잠시 말을 멈추고 샐리의 눈을 바라보며 물었다. "나를 도와줄 수 있어? 내가 잘하고 있다거나 상황을 망치고 있다고 이야기해주겠어?"

예상치 못한 밥의 질문에 놀라 샐리는 뜸을 들였다. 이윽고 그녀는 활짝 웃으며 말했다. "물론이죠!" 두 사람은 잠깐 이 이야기를 나눴고 밥은 다시 당면한 문제로 화제를 돌렸다.

밥은 샐리가 재정 상태를 걱정한다는 사실을 잘 알고 있으며 그 같은 우려를 좀더 이해하고 싶다는 뜻을 전했다. 그 외에 또 염려하는 부분이 없는지도 듣고 싶다고 이야기했다. 그러고 말

없이 샐리의 대답을 기다렸다. 샐리가 용기 내어 입을 열 때까지 어색한 침묵이 흘렀다.

샐리는 밥이 그 상황에 대해 많이 생각한 것이 틀림없어 보인다며 노력해줘서 고맙다고 이야기했다. 샐리는 재정 상황을 염려하고 있다는 사실을 인정했다. 일정한 수입을 얻는 데 익숙해졌으며 앞으로 계속해서 그 정도 돈을 벌 수 있을 것이라는 가정을 기반으로 삶을 꾸려왔다고도 이야기했다. 솔직히 말해 갑자기 모든 것을 빼앗길 수도 있다고 생각하니 공정하지 않게 느껴졌다고 덧붙였다.

또 먼저 만나자고 요청하는 식으로 예의를 갖추지도 않고 점심 식사 뒤 회사로 돌아오는 길에 무심하게 그 주제를 언급해 화가 났다고도 이야기했다. 밥이 회사의 재정 상황에 대한 전반적인 내용을 자신과 공유하지 않은 점도 이해하기 힘들다고 했다. 이유나 배경 설명 없이 "샐리, 자네 급여를 낮춰야겠어"라는 말만 들었기 때문에 그 같은 제안에 동의해야 할 이유를 찾기 힘들었다고 말했다.

이번에는 말을 마친 샐리가 가만히 기다렸고, 또다시 어색한 침묵이 뒤따랐다.

밥은 침묵을 깨고 기꺼이 샐리에게 회사의 재무 상태를 설명하겠다고 이야기했다. 샐리가 영업이나 고객 관계를 구축하는 데 너무 몰두해 있는 듯해 회사의 재무 상태에는 관심 없다고 지레 짐작했다는 이야기도 했다. 두 사람은 회사 재무 상태를 점검하는 회의를 따로 진행하기로 약속했다. 밥은 어떤 분야가 원활하게 돌아가고 있는지, 어떤 분야가 어려움을 겪고 있으며 재정적인 도움을 필요로 하는지 샐리에게 알려주기로 마음먹었다. 사전에 재무 상태에 관한 개략적인 내용을 전달해 회의 전에 미리 살펴볼 수 있도록 하겠다고도 약속했다. 샐리는 밥의 제안을 고맙게 받아들이는 눈치였다.

그런 다음 밥은 남아 있는 용기의 마지막 한 방울까지 짜내 연봉 문제를 논의하기 위해 다시 한번 자신을 만나줄 수 있는지 샐리에게 물었다. 이야기를 자칫 잘못 꺼냈다가 샐리와 다시 다투게 될지도 모른다는 걱정에 사로잡혀 움찔거리다시피 하면서 이야기를 꺼냈다. 밥은 이번에는 회의 며칠 전에 연봉 협상안을 이메일로 전달해 제안 내용을 미리 검토할 수 있도록 하겠다고 덧붙였다.

샐리는 동의했고, 회사 재정 상태 전반을 살펴보는 회의와 연봉 협상 일정을 밥이 책임지고 정하기로 했다.

두 회의 모두 별다른 문제 없이 진행되었다. 밥이 제시한 협상안에는 샐리의 상여금 한도를 10퍼센트 삭감하는 대신 샐리에게 업무 자율권을 더 부여한다는 내용이 있었다. 샐리는 회사의 재정 상태 전반과 자신의 연봉을 삭감해야 하는 이유를 이해했을 뿐 아니라 밥이 자신의 가치를 인정해 권한을 더 많이 허용한다고 받아들이고, 새로운 연봉 협상안의 효력이 언제 어떻게 발생하는지에 대해 몇 가지 질문했을 뿐 그 내용 자체가 타당하다는 데는 동의했다.

일련의 과정이 자신이 상상한 대로 흘러가자 밥은 놀라운 한편 자부심도 느꼈다. 샐리와 다시 신뢰와 우정을 쌓아나가려면 아직 많이 노력해야 하지만 그 또한 패턴 파괴 경로의 자연스러운 부분이었다. 갈등에서 벗어나려면 지난 몇 주 동안 그랬듯 사려 깊고 용기 있게 행동해야 했다. 잘할 수 있을지 의구했던 지난날과 달리 이제 밥은 자신이 얼마든지 잘 해낼 수 있다고 믿었다.

그로부터 몇 달 뒤, 밥과 경영팀은 입찰을 여러 건 받고 업계에서 가장 크고 평판이 우수한 업체에 회사를 매각했다. 밥의 용단이 결과에 영향을 미친 셈이다.

최적의 결과를 퍼뜨려라

이 책에 안내한 훈련 내용을 실천하면 갈등에서 벗어날 수 있다.

배우자가 개수대에 넣어둔 지저분한 접시를 보고 전처럼 화내는 대신 심호흡한 뒤 이전과는 다르게 반응할 것이다.

다른 사람이 자신에게 화낼 때마다 숨는 대신 무엇이 그들을 그토록 화나게 했는지 묻기 시작할 것이다.

상대가 계속 거절하는데도 새로운 방안을 끊임없이 내놓는 대신 그가 보내는 신호를 더 빨리 포착하고, 다른 사람들이 시간과 에너지를 낭비하지 않도록 행동하며, 멈춰야 할 때가 언제인지 깨달을 것이다.

또한 상대가 자신을 비난할 때마다 있는 그대로 받아들이며 굴욕감에 괴로워하는 대신 어쩌면 모두 자기 잘못은 아니라는 점을 깨닫고 좀더 빠르게 감정을 해소할 것이다.

이를 위해서는 용기가 많이 필요할 것이다. 무언가를 새롭게 시도하고, 실패해보고, 마음을 다잡고, 또다시 도전하기 위한 도구가 필요할 것이다. 그 과정에서 패턴 파괴 경로가 항상 직선으로 뻗어 있지는 않지만 보람 있는 방법이라는 사실을 깨달을 것이다.

패턴 파괴 경로를 따르면 갈등고리에서 벗어날 수 있다. 하지만 패턴 파괴 경로를 택했을 때 겪을 정말 멋진 일은 일단 당신이 갈등에서 벗어나고 갈등 패턴이 깨지면 다른 사람들 역시 갈등 패턴에서 벗어나게 된다는 것이다. 넬슨 만델라가 이야기했듯 "자유로워지려면 자신을 옭아매는 사슬을 끊어야 할 뿐 아니라 다른 사람의 자유도 존중하고 높여주어야 한다."[2]

당신의 행동은 전염성 있는 리더십의 한 형태이다. 일단 스스로 갈등에서 벗어나면 다른 사람들 역시 갈등에서 벗어나도록 도울 수 있다.

► 망설임의 원인은 네 가지이다. 원인은 각기 조금씩 다르지만 결국 목적은 같다. 바로 편안하고 익숙한 곳에서 안전하게 지내고 싶다는 것이다. 안타깝게도 익숙한 곳에 머물러 있으면 갈등고리에서 벗어날 수 없고, 결국 최적의 결과를 얻을 수도 없다.

► 망설임의 첫 번째 이유는 실현 불가능한 이상적 미래에 대한 환상이다. 이상적 미래에 당면한 상황을 둘러싼 현실이나 다른 사람들의 욕구가 반영되어 있지 않으면 이상적 미래가 기대되는 역할을 할 수 없고 결국 당신도 갈등에서 벗어날 수 없다.

► 망설임의 두 번째 이유는 비용이 높고 실현 불가능한데도 도피성 대안에 환상을 품는 데서 비롯한다. 도피성 대안이란 당신과 갈등을 빚고 있는 사람에게서 벗어나거나 그들과의 관계를 끊는 시나리오를 의미한다.

► 도피성 대안에 대한 환상이 진통제 역할을 할 수도 있다. 행동을 수정해야 한다는 두려움과 갈등에 매몰된 상황에서 비롯

한 고통에서 벗어날 수 있기 때문이다. 하지만 환상에 빠져 현실에 집중하지 못하면 상황 개선이라는 실질적인 일을 해낼 수 없고 당신과 상대 모두 갈등에서 벗어날 수 없게 된다.

▶ 처음 생각했던 것보다 도피성 대안의 실현 가능성이 클 때, 특히 이상적 미래보다 도피성 대안의 실현 가능성이 클 때 망설임의 세 번째 원인이 나타난다. 도피성 대안이 실제로는 실현 가능성이 더 큰 방안이라는 사실을 외면한 채 이상적 미래를 현실로 만들려고 애쓰고 있을 수도 있다.

▶ 망설임의 네 번째 이유이자 가장 흔한 원인은 패턴 파괴 경로를 따르기 위해 행동을 수정하기가 쉽지 않을 것이라는 전망이다. 이런 불편함을 피하려고 앞으로 나아가지 않아도 불편한 감정을 겪을 수밖에 없다는 사실은 외면한다.

▶ 갈등이 오랫동안 지속되면 갈등에서 비롯한 불편감이 '뉴노멀'처럼 느껴질 수도 있다. 그뿐 아니라 불편감을 알아차리기가 점점 힘들어진다. 갈등 상황에 머물러 있는 것이 이따금 편안하게 느껴질 수도 있다. 실제로는 전혀 그렇지 않은데도 편안한 기분이 들기도 한다.

▶ 최적의 결과를 찾아내려면 이상적 미래, 갈등 상황에 머무르는 방안, 도피성 대안의 실현 가능성을 평가한 다음 실현할 수 있는 각 방안의 비용과 편익을 서로 비교해봐야 한다. 비용이 가장 낮고 편익은 가장 크며 실현 가능성 있는 방안이 바로

당신이 찾는 최적의 결과이다.

▶ 변화에 대한 두려움을 없애려고 애쓰는 일은 현실적이지 않다. 변화를 두려워하는 것은 인간의 본성이다. 변화에 대한 두려움에 대처하는 최고의 방법은 용기를 내는 것이다. 두려움을 극복할수록 용기가 커진다.

▶ 최적의 결과에 도달하기 위한 패턴 파괴 경로를 활용하면 갈등고리에서 벗어날 수 있다. 일단 당신이 갈등고리에서 벗어나고 갈등 패턴이 파괴되면 다른 사람들 역시 자연스럽게 갈등고리에서 벗어나게 된다.

▶ 당신의 행동은 전염성 있는 리더십의 한 형태이다. 일단 당신이 갈등에서 벗어나고 나면 다른 사람들이 갈등에서 벗어나도록 도울 수 있다.

응용 훈련

최적의 결과를 선택하라

▶ 망설임의 원인을 찾아라. 만약 망설이고 있다면 망설임의 원인이 무엇인가?

▶ 여러 방안을 평가하라. 이상적 미래, 갈등 상황에 머무르는 방안, 도피성 대안의 실현 가능성, 비용, 편익을 고려하라.

▶ 최적의 결과를 찾아내라. 세 가지 방안, 즉 이상적 미래, 갈등 상황에 머무르는 방안, 도피성 대안 중 비용이 가장 낮고 편익이 가장 큰 방안은 무엇인가? 이것이 바로 당신이 찾아낼 수 있는 최적의 결과이다. 최적의 결과에 도달하기 위한 패턴 파괴 경로를 설계하라.

▶ 용기를 내라. 최적의 결과로 이어지는 패턴 파괴 경로를 따르기 위해 당신이 할 수 있는 용감한 행동에는 어떤 것이 있는가?

▶ 학습하라. 지금껏 배운 내용이 갈등고리에서 빠져나오는 데 도움이 되었다면 축하를 전하고 싶다. 만약 그렇지 않다면 잠시 멈춤의 시간을 가진 뒤 갈등고리에서 벗어날 때까지 또 다른 경로를 설계하고 검증해보자.

이 가치 사전은 스튜어트 D. 프리드먼Stewart D. Friedman의 『와튼스쿨 리더십 특강』Total Leadership: Be a Better Leader, Have a Richer Life과 로버트 J. 리Robert J. Lee, 세라 N. 킹Sara N. King의 『내 안의 리더를 발견하라』Discovering the Leader in You: A Guide to Realizing Your Personal Leadership Potential를 각색한 것이다. 이 가치 사전이 되도록 다양한 사람에게 도움이 되기를 바라며 학생과 고객들의 피드백을 바탕으로 두 책에서 발췌한 내용을 편집하고 필요한 내용을 추가했다. 세상에 존재하는 가치를 모두 적어두지는 않았으니 원하는 내용을 얼마든지 추가해도 좋다.

가족family 배우자, 자녀, 부모, 확대 가족과 함께 시간을 보내는 일
건강health 신체적, 정신적 행복, 활력
경쟁competition 승리를 목표로 하는 대립
경제적 안정성economic security 고정적이고 안전한 고용, 적절한 보상, 낮은 위험, 기본 욕구를 충족하는 능력
공동체 의식community 개인의 욕구를 대체하는 목적을 충족시키고 지원하는 것
권위authority 사건과 타인의 행동을 통제할 수 있는 지위와 힘

내적 조화inner harmony 행복, 만족, 평안한 마음

다양한 관점diverse perspectives 새로운 경로를 열고 새로운 기회를 제시하는 아이디어와 의견

도전challenge 복잡하고 힘든 과제나 문제와 끊임없이 마주하는 일

모험adventure 새롭고 도전적인 기회, 신남, 위험

미의식aesthetic 사물이나 아이디어, 주위 환경의 아름다움에 대한 인식

변화와 변동change and variation 일상의 부재, 예측 불가능성

사랑love 가깝고 애정 어린 관계를 맺는 일, 친밀함

성취achievement 무언가를 성취하거나 해냈다는 느낌

소속affiliation 타인과의 상호 작용, 그룹의 일원임을 인정하는 마음, 소속감

신뢰성trustworthiness 믿을 수 있고 진실하다고 알려진 상태

신체 건강physical fitness 신체 활동과 영양 공급을 통한 건강 유지

안전safety 피해나 위험으로부터 신체적·정신적·감정적으로 해방된 상태

역량competency 매우 숙달된 솜씨와 지식을 발휘하는 일

용기courage 두려움을 이기고 행동을 취하는 일

우정friendship 타인과의 친밀한 관계

유머humor 자기 자신과 인생을 재미있게 받아들이는 능력

영성spirituality 강력한 영적, 종교적 믿음, 도덕적 실천

영향력influence 다른 사람의 태도나 의견에 영향을 미치는 힘

의무duty 권한과 규칙, 규율을 존중하는 일

인정recognition 잘 마무리한 일에 대한 긍정적인 피드백과 공개적인 인정, 존중과 존경

자기 계발personal development 잠재력을 극대화하려는 헌신적인 노력

자기 존중self-respect 긍지, 자부심, 자기 자신에 대해 잘 아는 상태

자율성autonomy 별다른 제약 없이 독립적으로 행동하는 능력, 자립성

장소location 원하는 생활방식에 맞는 삶의 터전을 선택하는 일

정의justice 공정성, 옳은 일을 하는 것

조력helping others 다른 사람들이 목표를 달성할 수 있도록 도우며 관심과 지원을 제공하는 일

즐거움enjoyment 재미, 기쁨, 웃음

지식knowledge 이해와 기술, 전문 지식을 추구하는 것, 끊임없는 학습

지위status 명망 있는 그룹이나 조직에서 일하거나 이들과 관련 있다는 이유로 존경받는 일

지혜wisdom 지식, 경험, 이해를 기반으로 하는 건전한 판단

질서order 안정성, 일상, 예측 가능성, 명확한 명령계통, 표준화

창의력creativity 기발한 아이디어나 새로운 무언가를 발견하거나 발전시키거나 설계하는 힘, 상상력을 발휘하는 일

책임감responsibility 미더움, 결과에 대한 책임

출세advancement 일을 잘 해낸 결과로 얻는 성장, 높은 직급, 승진

충성심loyalty 충실함, 개인이나 전통, 조직에 헌신하는 태도

풍요affluence 고소득, 재정적인 성공, 번영

협력collaboration 다른 사람들과의 긴밀하고 협동적인 업무 관계

호기심curiosity 무언가를 배우거나 알고 싶다는 욕망

머리말

1 로저 피셔, 브루스 패튼, 윌리엄 유리, 『YES를 이끌어내는 협상법』, 박영환, 이성대 옮김, 장락 2014.

2 더글러스 스톤, 브루스 패튼, 쉴라 힌, 『대화의 심리학』, 김영신 옮김, 21세기북스 2003.

3 Evelin Gerda Lindner, "Healing the Cycles of Humiliation: How to Attend to the Emotional Aspects of 'Unsolvable' Conflicts and the Use of 'Humiliation Entrepreneurship,'" *Peace and Conflict: Journal of Peace Psychology* 8, no. 2 (June 2002): pp. 125 –38.

4 Sylvia Ann Hewlett, Melinda Marshall, and Laura Sherbin, "How Diversity Can Drive Innovation," *Harvard Business Review*, December 2013, https://hbr.org/2013/12/how-diversity-can-drive-innovation

5 Vivian Hunt, Dennis Layton, and Sara Prince, "Diversity Matters," McKinsey & Company, February 2, 2015, https://www.mckinsey.com/business-functions/organization/our-insights/why-diversity-matters

6 조지프 캠벨, 『천의 얼굴을 가진 영웅』, 이윤기 옮김, 민음사 2018.

7 Morton Deutsch, *The Resolution of Conflict: Constructive and Destructive Processes* (New Haven, CT: Yale University Press, 1973).

8 존 카밧진, 『당신이 어디를 가든 당신은 그곳에 있다』, 김언조, 고명선 옮김, 물

푸레 2013.

9 레이첼 오마라, 『퍼즈』, 김윤재 옮김, 다산북스 2017.

1장 갈등 습관과 갈등 패턴에 주목하라

1 Jennifer Goldman, *Emotions in Long-Term Conflict: The Differential Effects of Collective-Versus Personal-Level Humiliating Experiences* (n.p.: LAP Lambert Academic Publishing, 2014).

2 더글러스 스톤, 브루스 패튼, 쉴라 힌, 『대화의 심리학』, 김영신 옮김, 21세기북스 2003.

3 Giada Di Stefano, Francesca Gino, Gary P. Pisano, and Bradley R. Staats, "Making Experience Count: The Role of Reflection in Individual Learning," Harvard Business School Working Paper 14-093, June 14, 2016, https://www.hbs.edu/faculty/Publication%20Files/14-093_defe8327-eeb6-40c3-aafe-26194181cfd2.pdf

4 Bas Verplanken and Wendy Wood, "Interventions to Break and Create Consumer Habits," *Journal of Public Policy & Marketing* 25, no. 1 (Spring 2006): 90-103, https://pdfs.semanticscholar.org/6371/64b5f2d792d8c13d6f8309c89bea002226e0.pdf

David T. Neal, Wendy Wood, and Jeffrey M. Quinn, "Habits—A Repeat Performance," Current Directions in Psychological Science 15, no. 4 (2006): 198-202, https://dornsife.usc.edu/assets/sites/545/docs/Wendy_Wood_Research_Articles/Habits/Neal.Wood.Quinn.2006_Habits_a_repeat_performance.pdf

5 찰스 두히그, 『습관의 힘』, 강주헌 옮김, 갤리온 2012.

6 같은 책.

7 레이 달리오, 『원칙』, 고영태 옮김, 한빛비즈 2018.

8 jengoldmanwetzler.com/assessments/conflict-assessment에서 자신의 주요

갈등 습관과 타인과의 갈등 패턴을 진단할 수 있다.

2장 갈등을 지도화하라

1 Peter Coleman, *The Five Percent: Finding Solutions to Seemingly Impossible Conflicts* (New York: Public Affairs, 2011).

2 Peter Coleman, *The Five Percent: Finding Solutions to Seemingly Impossible Conflicts*.

3 jengoldmanwetzler.com/resource/conflict-map에서 자료를 내려받아 자신만의 갈등 지도를 만들 수 있다.

3장 감정을 활용하라

1 Dacher Keltner and Paul Ekman, "The Science of 'Inside Out,'" *New York Times*, July 3, 2015, https://www.nytimes.com/2015/07/05/opinion/sunday/the-science-of-inside-out.html

2 Paul Ekman and Wallace V. Friesen, "Constants Across Cultures in the Face and Emotion," *Journal of Personality and Social Psychology* 17, no. 2 (1971): 124–29, http://www.communicationcache.com/uploads/1/0/8/8/10887248/constants_across_cultures_in_the_face_and_emotion.pdf

3 Paul Ekman, "What Scientists Who Study Emotion Agree About," *Perspectives on Psychological Science* 11, no. 1 (2016): 31–34, https://www.paulekman.com/wp-content/uploads/2013/07/What-Scientists-Who-Study-Emotion-Agree-About.pdf

4 달라이 라마가 지지하는 폴 에크만 박사의 감정 지도 사이트(http://atlasofemotions.org)에서 다섯 가지 감정과 각 감정이 포함하는 상태에 대해 더 자세히 알 수 있다. 이 사이트에 정리된 감정 관련 내용은 단연코 최고이다.

5 대니얼 골먼, 『EQ 감성지능』, 한창호 옮김, 웅진지식하우스 2008.

6 틱낫한, 『틱낫한의 평화로움』, 류시화 옮김, 열림원 2002.

7 영화 〈인사이드 아웃〉에서 각 감정이 어떤 성격으로 묘사되는지 더 자세히 알고 싶다면 다음을 참고하라. Joseph C. Lin, "Meet the Emotions of Pixar's *Inside Out*," *Time*, June 19, 2015, http://time.com/3924847/pixar-disney-inside-out-emotions/

8 jengoldmanwetzler.com/assessments/emotion-traps-assessment에서 자신이 어떤 감정의 덫에 가장 취약한지 테스트해볼 수 있다.

4장 이상적 가치와 그림자 가치를 존중하라

1 jengoldmanwetzler.com/resource/values-inventory에서 온라인 가치 사진을 확인할 수 있다.

2 세대 동력 센터Center for Generational Kinetics는 "밀레니얼 세대가 미국 노동 인구에서 가장 큰 비중을 차지하게 되었다"라고 이야기한다. https://genhq.com/faq-info-about-generations/에서 세대별 차이에 대해 더 알아볼 수 있다.

3 C. M. Steele, "The Psychology of Self-Affirmation: Sustaining the Integrity of the Self," in *Advances in Experimental Social Psychology*, vol. 21, ed. L. Berkowitz (San Diego, CA: Academic Press, 1988), pp. 261–302.

4 여러 사람이나 그룹의 가치를 모두 지도화하고 싶다면 jengoldmanwetzler.com/resource/values-map에서 원하는 가치 지도 서식을 찾아보기 바란다. 다양한 형태의 서식이 준비되어 있다.

5 아마존 프라임 인기 텔레비전 쇼 〈멋진 메이슬 부인〉을 뜻한다.

6 엄밀히 따지자면 비계는 근로자들이 구조물을 수리하는 데 보조하고, 가림막은 건축 잔해로부터 행인을 보호하는 역할을 한다. Keith Loria, "Keeping the Sky from Falling: Construction Sheds, Exterior Scaffolds and Pedestrian Safety," The Cooperator New York, March 2014, https://cooperator.com/article/keeping-the-sky-from-falling/full. 갈등 상황에서 마음속에 대화의 비계가 있다고 상상하면 관계를 치유하고 상처 없이 갈등을 벗어나는 데 도움

이 된다.

7 jengoldmanwetzler.com/resource/values-packet에서 4장 내용을 이해하는 데 도움이 되는 가치 실천 꾸러미를 내려받을 수 있다.

5장 이상적 미래를 상상하라

1 대니얼 카너먼, 『생각에 관한 생각』, 이창신 옮김, 김영사 2018.
2 존 폴 레더락, 『도덕적 상상력』, 김가연 옮김, 글항아리 2016.
3 킹 목사의 "나에게는 꿈이 있습니다" 연설에는 그가 자신의 이상적 미래를 청중이 상상할 수 있도록 오감과 감정을 어떻게 활용했는지 드러난다. 다음 영상을 보면 킹 목사가 묘사한 이상적 미래에 우리가 얼마나 다다랐으며, 얼마나 더 가야 하는지 알 수 있다. 다음 주소에서 동영상 전체와 연설문을 확인할 수 있다. Jessica Kwong, "Martin Luther King Jr.'s 'I Have a Dream' Speech: Full Text and Video," *Newsweek*, April 4, 2018, https://www.newsweek.com/mlk-jr-assassination-anniversary-i-have-dream-speech-full-text-video-870680
4 jengoldmanwetzler.com/resource/imagine-your-ideal-future에서 이상적 미래를 상상하는 데 도움이 되는 연습지를 내려받을 수 있다.

6장 패턴 파괴 경로를 설계하라

1 Helene Cooper and Abby Goodnough, "Over Beers, No Apologies, but Plans to Have Lunch," *New York Times*, July 30, 2009, https://www.nytimes.com/2009/07/31/us/politics/31obama.html
2 기민한 독자라면 당시 부통령이었던 조 바이든도 결국 그 자리에 초대되었다는 사실을 눈치챘을 것이다. 맥주 회담에 대해 더 자세히 알고 싶다면 위 기사를 참고하라.
3 jengoldmanwetzler.com/resource/pattern-breaking-path에서 패턴 파괴 경로를 설계하는 데 유용한 서식을 내려받을 수 있다.

7장 패턴 파괴 경로를 검증하라

1 지미 카터의 일생을 다룬 뛰어난 다큐멘터리 영화 〈땅콩 장수 지미 카터〉Man from Plains를 보면 캠프 데이비드에서 실제로 촬영된 영상과 함께 로절린 카터가 이 일화를 들려준다.

2 수지 웰치, 『10-10-10, 인생이 달라지는 선택의 법칙』, 배유정 옮김, 북하우스 2009.

3 jengoldmanwetzler.com/resource/test-your-path에서 앞을 내다보고 미니 실험을 진행하는 데 도움이 되는 연습지를 내려받을 수 있다.

8장 최적의 결과를 선택하라

1 레이 달리오, 『원칙』, 고영태 옮김, 한빛비즈 2018.

2 넬슨 만델라, 『자유를 향한 머나먼 길』, 김대중 옮김, 두레 2020.

패턴 파괴

초판 1쇄 인쇄 2022년 1월 10일
초판 1쇄 발행 2022년 1월 20일

지은이 제니퍼 골드먼 웨츨러
옮긴이 김현정
펴낸이 유정연

이사 임충진 김귀분
책임편집 심설아 **기획편집** 신성식 조현주 김수진 김경애 이가람 **디자인** 안수진 김소진
마케팅 박중혁 김예은 **제작** 임정호 **경영지원** 박소영

펴낸곳 흐름출판(주) **출판등록** 제313-2003-199호(2003년 5월 28일)
주소 서울시 마포구 월드컵북로5길 48-9(서교동)
전화 (02)325-4944 **팩스** (02)325-4945 **이메일** book@hbooks.co.kr
홈페이지 http://www.hbooks.co.kr **블로그** blog.naver.com/nextwave7
출력·인쇄·제본 (주)상지사 **용지** 월드페이퍼(주) **후가공** (주)이지앤비(특허 제10-1081185호)

ISBN 978-89-6596-491-9 03320